一张桌子一本书

在阅读课上遇见你

童蓓蓓

著

中国人民大学出版社
·北京·

谨以此书致敬李玉龙

目 录
contents

前言·从这里，我们走

曾经以为自己已明了宿命中所有的内容，于是在抗拒中坚持着自己孤独的旅程。然而些微的偶然在不经意间将一切打破，使我奋然前行。

一、为了相聚的告别

那年2月，无意间走进新华书店，无意间拿出一本书——《言说抵抗沉默：郭初阳课堂实录》，翻开。

我并不知道，那时，命运之神正在书柜背后窃笑。

一股清新而热烈的气息让我无法停止思索，于是我开始码字，写下我的感受。

码字的过程很艰难，一些想法不断地在心底挣扎，跳跃、蓬勃地蹿出来。敲下最后一个句号的时候，已经是3月中旬，此时的我筋疲力尽却又轻松自如。郭初阳和蔡朝阳非常喜欢这篇书评，傅国涌也对这篇书评表示了赞许。我就此结识了这群人，还认识了"刘支书助理"魏勇等人，彼此经常在博客间走访。

我以为事情就这样结束了，网络上的故事，到此为止算是最不坏的。

8月底，魏勇突然要我当教育在线投稿区的版主。我虽然在网络上晃荡了七八年，却始终不当任何版主，因为没兴趣。但是这次不同，我找了很多托词，魏勇仍是坚持，最后我让步。第二天，李玉龙就给我打电话，让我辞职到他的杂志社做编辑。在很多人看来，甚至在我

1

自己看来，这过于匪夷所思，就算是最离谱的编剧，也不会让一个陌生人在第一通电话里就要求对方辞职别家，千里迢迢地接受一个薪水、待遇远不如从前的职务。但是偏偏他是李玉龙，我是童蓓蓓。

我还是犹豫了。家中父母年纪都大了，身体也不好，我一下子去那么远的地方，二老怎么放心？等我走后，妈妈看着我的床铺、用具、书籍、电脑，却看不到我傻乎乎的面孔；爸爸听着收音机却听不到我的叫声"我回来啦"，他们怎么受得了？何况爸爸的眼睛越来越看不见，基本上只能模糊地看到些光影和轮廓，一旦我离开，他怎么办？妈妈怎么办？

李玉龙计划让我8月底就动身去成都，我一直迟迟不能下决定。首先家里全票反对，其次我还真不了解他，甚至想万一遇上人贩子，被卖到山沟沟里，等到十年之后才能回家，呀，老公一个，孩子一堆……太可怕了。他给我的最后期限——9月13日过去了，我也已接手了新的班级——高二（11）班。看着这个班级的学生那一张张洋溢着青春和希望的笑脸，以及那求知若渴的目光，我的心渐渐安定了下来，以为不可能再发生什么意外了。

然而我心里总有一个轻微而清晰的声音在对我说："走吧，走吧！"和妈妈谈起我内心的苦闷，母女相对垂泪。

就在这个时候，我参加了优质课评比。时隔一个多月后回想起来，那节课上得真是奇烂无比。但是，当时我的自我感觉非常好，所以当得知不能参加上一级比赛的时候，我内心的天平一下子就倾斜了。而妈妈也由此理解了我的处境和痛苦。我整理好一切，静静等候。

9月27日，李玉龙从成都飞到杭州，然后和郭初阳一起来到玉环市，到的时候已是晚上7点钟。我们在小饭馆里一直谈到深夜。第二天，他们到我家拜访我父母，同时接我。我们坐上午11点的车离开玉环，赶赴杭州，我和李玉龙再从杭州到萧山参加新教育实验区会议。

在萧山的两天里，我见到了卢志文、闫学、干国祥、楼淑建、马玲、朱寅年、陈金铭、高子阳、蒋军晶、刘发建、张祖庆、丁莉莉等一大批人。我静静地看着，听着，被他们的教育热情感染着。我发现自己正走近一个全新的群体，目睹着全新的生命和教育。

9月的最后一天，我的脚落在了成都的大地上，悲欣交集。

和我同吃、同住、同工作的钱佳音是我的同门师姐，她的指导老师就是我的初中班主任朱华贤老师，于是跟她多了一分亲近。她的个性像阳光一样明亮开朗，动不动就笑得人仰马翻，又喜欢时时掏出笔记本记录我说过的话，作为她的QQ留言。她的乐观、豁达冲淡了我的犹豫和疑虑。

国庆期间，魏勇等几个朋友来编辑部，我和钱佳音看着他们忙碌地为我们张罗饭菜，感觉到家人一般的温暖。我知道，我要走的路还很漫长。我的面前是《教师之友》2004年的12本杂志。我一本一本、一张一张、一行一行地看，上网，查看关于《教师之友》的文字。这是一份怎样的杂志啊，它一点儿一点儿地照亮我心中幽昧的角落，一个个铅字背后那一张张生动的面孔跃然纸上。争执、辩论、陈述、质询，作者们用所有可能的方式进行言说，在言说中探索着无尽的可能。我开始感到恐惧，担心自己无法将这样一份杂志的魅力保持下去，更遑论提升与超越。后来，我给妈妈寄去了一套杂志。妈妈说，这份杂志不错。

辞职，几乎是满怀愧疚。

一想起我的师友、学生、同事和领导，我就满怀愧疚。为了自己的教育理想，我让他们猜测、担忧，让他们无端焦虑，给他们凭空增添了无数的麻烦，我的确是一个很自私的人。老师给我打来电话，以前的校长也给我打来电话，他们担心我的安全，担心我的健康，怕我被人欺负，怕我流离失所。朋友们也牵挂我，问我到底是怎么回事，最后跟上一句"没钱了就说一声"。同事们不清楚我的联系方式，辗转打听之后，给我发来短消息，问我过得好不好。学生在QQ里委屈地问我是不是不要他们了，是不是就此抛弃他们了。家长打电话给我父母，问我什么时候才能回去。他们没有抱怨我的自私，反倒给了我真挚的关怀与温暖。我无地自容。

唯一值得庆幸的是，我的告别，不是为了离开，而是为了相聚。

当年吸引我投身教育的力量，现在依然存在。这些年间，无数人劝我考公务员，我也想过去尝试，但是我做不到。我不能让自己分裂得更加彻底，我不能让生活从下班开始。我的告别，只是为了寻找一个方向，让这股力量更加雄浑有力，更加坚定有序，让这股力量成为沟通现实与理想的桥梁；我的告别，只是为了寻找一种环境，让自我获得更加健全的成长。倘若停留在原地，我的一生必沉陷于无望的挣扎。

所以，我走。

二、死魂灵

回顾教书的九年多时间，我心里充满了感恩与羞愧。

毕业那年，玉环的师专毕业生有几十个，而教师岗位只有三个。在这样的情况下，当时陈屿中学的蒋瑞梁校长在看了我的简历之后，二话没说就同意接收我为陈屿中学的一员。从我投递简历到我参加教职工大会，我没有送过他任何礼品。他处理事务向来干脆利落、条理分明，这在后来的工作过程中我也能充分感受到。去报到那天，车子穿过长长的隧道。隧道顶灯在车内不断投下光斑，又转瞬即逝，我不知道自己将要面对怎样的生活。

第一年当班主任，手忙脚乱自然是意料之中的。我没有任何经验，只能走一步看一步，摸索着前进。终于，班级开始有了起色。一个学年结束，班级被评为学校优秀班级。第二年，因为工作需要，我又回到初一带新的班级。用管理第一个班级的经验来应对新的班级，似乎游刃有余，学校于是让我负责宣传工作。现在想起来，自己错过了一个很好的成长机会，倘若那个时候能够在班级管理上多下功夫，多关注儿童的个体成长，就有可能为将来的个人发展打下坚实的基础。但是那个时候我忙于学校工作，于是简单地让学生进行自我管理。用现在的眼光看，这是一种极不负责的行为。

又一个学年结束，刚好是启用高中语文新教材的 2000 年。我觉得这是一个机会，就主动跑到蒋校长那里，希望能承担高中语文教学的工作。蒋校长在经过一段时间斟酌之后，同意了。我不知道我当时的选择是否正确，我只是为了让自己获得进一步发展的空间。从知识结构来看，学科专业知识、教育学知识、心理学知识和人类文化视野，无论哪一块我都是非常欠缺的。同时，我对自身的探索和了解尚未开始，对师生在教育过程中的角色和地位的理解也不够到位，我甚至将课堂的热闹当作活跃而忽略了学生的精神成长。倘若我继续在初中摸爬滚打，或许能更快地进入教育本身，将自身成长与教育生活融合在一起。这一错过，在很长时间里都不曾被我意识到，直到我离开了玉环，才发现生命中曾经有过这样的契机，却因为功利的目的而被我放弃。

教了两年初中和两年高中之后，我被调到了玉城中学。

在此不得不提及郑敏锋校长，正是他力排众议，坚持录用我，甚至采用了借调的方式，才使我得以到玉城中学工作。在此过程中，我也没有花费一分钱。我两次工作的安排都没有付出额外的代价，这大概是因为我幸运地遇到了两个好校长吧！

来到玉城中学之后，我在担任班主任和完成两个班的教学任务之外，还承担了学校两份报纸的编辑工作。我用了很多时间去做事，但是很少反思，所以进步不大。因为内心充满了迷茫和厌倦，对于班级，我疏于管理，教学工作也得过且过，只是玩玩网游、看看书，偶尔在 K12 论坛上转转。这样的沉沦大概持续了两年。之后，我开始将我的一些经历改编成故事，书写下来，发布在网络上。

感谢凯迪论坛上的网友，他们的鼓励和支持让我完成了叙事中的自我疗伤，我开始重新振作起精神，去面对自己的工作。更感谢我的朋友潘雪洁、陈丽君、林新勇以及黄枫，在我最迷惘的时候，他们一直陪伴在我左右，用坚定、勇毅的友情温暖着我。

这些故事后来被好事者在当地公布并对号入座，让我哭笑不得。然而半年之后，教科室的林致标老师来找我，邀我参加地方教材《学会学习》的编写。他说之所以来找我，是因为那些文章使他相信了我的精神底子和表达能力。这个团队的领队，是市教研室的张丰老师，成员除了林致标老师和我之外，还有王针桂老师。经过大概一年时间的反复琢磨，我们的成果终于出版、发行并在全市初中应用。而编写过程中组员之间的相互启发、鼓励，信息的交流、互动，更让我激奋不已，这几乎是我从教以来从未有过的欣喜和快乐。林致标老师因为长期从事心理辅导工作，并担任心理教育督导，便经常和我谈论心理教育、心理咨询等方面的话题。在谈话的过程中，他的倾听和理解润泽了我，让我逐渐感到轻松、敞亮。心理学向我敞开了另一扇窗户，为我提供了另一种可能的视角。我开始从心理学的角度去审视自己的教育教学工作。我看到了自己在课堂上的独断专行，也看到了自己满堂灌的强迫式教学，更看到了自己对待学生的傲慢与蛮横——很多时候，这种傲慢与蛮横，常常是以热情、温和的方式来表现的。我或许能够做出改变，但是那些被我的粗暴和强硬所击打过的孩子，不知道什么时候才能走出阴影。

教育极可能是一扇门，但更可能是一堵墙。世界上再没有比教育更加轻盈的翅膀，也再没有比教育更加顽固的牢笼。当我在课堂上讲述"吃人"之可怖的同时，我的嘴角何尝不是血迹斑斑？那种羞愧、不安和无地自容，让我几乎丧失了站在黑板面前的勇气。

然而，我可以用什么去抵御呢？

三、远方的召唤

有一次，在去新都的车上，我与李玉龙吵了起来。

"小狐，去上节课！"声音从副驾驶室里传来。

"我不要上课。"我在后座嘟哝。

"做教育的怎么能不上课？"他还没说完，我就嚷了起来："我不要上课，死也不要上课！"他那个理着平头的大圆脑袋在高高的副驾椅背上左右摇晃了一下，好似要转过头来跟我讲话，却因为太胖，转不过来，只得喘着气说："你这样是不对的……"他知道我害怕上课，尤其是公开课，所以后来再也没有对我提过这个要求。

只有课堂的教育是残缺的教育，没有课堂的教育也是残缺的教育。虽然我向来对公开课及其评价机制嗤之以鼻，但是不能否认，公开课集中而清晰地暴露了课堂中的问题。我们的公开课太精致、太完美了。授课者用美轮美奂的课件吸引你，用声色并茂的多媒体攫取你，用激情澎湃的朗诵熏陶你，用热烈汹涌的讨论启发你，但是一旦听课者戳破了课堂设计的幻境，他们便会被教师汪洋浩瀚的"内力"生生逼出课堂。因为，在这里，鲜有个体与个体的"交锋"，鲜有精神与精神的对话，鲜有思维对思维的激发。学生不是作为学习的主动者出现在课堂里，而是在观摩一场被精心安排的表演。公开课令我们疲惫，让我们感觉浑身乏力。教育是慢的艺术，需要伺机而动。那些追求"高效率"的现代化技术手段，往往会掩盖灵魂受伤之后的痛楚表情。而这种痛楚或许是今后的智慧、情感和审美都难以化解的。你我或许只能在筚路蓝缕中一点点摸索，从最底层的那块基石开始。

在一个严控的封闭世界里，每个不甘沉沦的人都将成为一座孤岛。然而有人勇敢地走了出去，于荒野攀缘，于悬崖跋涉，用自己的步履生生地踩出了一条可能的路径。当众多行走的脚步交织在一起，用行动逼问可能时，海水会在不知不觉中后退，海面会在不知不觉中下降，此时出现的，或许是广阔的陆地，或许是毒蛇、峭壁。生命中有无数的可能和未知，我们眼下伫立的只能是一个位置，所以我们走。行走是行者的宿命。

老友余欣得知我的决定后，在空间里写道："她终于放弃了一切，选择继续做一个行者，一无所有地走向未知。是的，我们都是行者。我们并不是不知道停留会带来温暖，顺应时世能享受安逸，但是，当温暖和安逸跟那个永远不变的'我'对峙的时候，我们会毫不犹豫地选择放弃温暖和安逸。她想了想，终于，也选择了放弃。"

此后经历了汶川大地震和各种神奇的事情，回到杭州。我以为自己是重返袋底洞的比尔博，只能轻抚魔戒，回想过往的种种不可思议。没有想到这只是在食人妖洞穴里的一顿饱餐，我还要迎接更多的上天入地般的惊险。

我进入越读馆。

第一次试着上课，郭初阳就惊呼："小狐，你不是有将近十年的教龄吗？怎么完全不会教书？"然后就是一连串需要改进的地方。这段时间我产生了严重的自我怀疑：我到底会不会上课？从前上课的经验似乎都用不上了，我开始重新操练上课这件事：怎样观察学生，怎样推进讨论，怎样让大家在短时间内抓住主题，怎样开启羞涩的嘴唇，怎样平息聒噪的舌头，其中的关键是，怎样引导特殊学生，以及怎样向学生传递信息。

与此同时，我开始做课。刚开始，我做的大多是群文主题阅读。其中的关键是发现不同经典文本之间的连接点。这个连接点越符合儿童兴趣、越隐秘、越能激活经验，就越值得成为主题。而"语文性"反倒不是首要考虑的因素，因为文本的经典性决定了语言的质量、密度和含金量。只要是经典文本，其语言必然有值得我们学习之处。只是我们需要选择——学习其哪一方面。我像一只老松鼠，把山核桃交到小松鼠手上，然后教它怎么凿洞、啃裂、瓣开，再掏取那浓香扑鼻的果肉。

因此，你可以把这本书看作一个短视频集，里面播放着老松鼠和小松鼠一起吃坚果的故事，不同的坚果有不同的吃法，不同的吃法会带来不同的收获，不同的收获会激起不同的乐趣。

"铃声一响"部分都是吃坚果的场景。仔细观察那个信息球，你会发现它往往来自文本，不同的人会从中挖掘出不同的要素。它在问答之间不断被抛起——扭曲——传递。有时这个球在传递过程中会爆掉，从而使讨论终止；有时我会藏起这个球，并出示另一方面的信息；有时这个球会变成一个炸弹，轰开头脑中的壁垒和碉堡；有时这个球会变成一个按钮，将我们带入更广阔的世界。随着孩子们年龄的增长，基于文本细读的课堂讨论也从感想发展到思辨，孩子们的思维变得越来越严谨。

在这个过程中，尤其要注意的是问题。只要问对了问题，阅读就几乎成功了一半。更重要的是，当你提出一个问题时，你会引出 N 个问题。问题就像破冰船，又像子母弹，所以要珍惜。我不敢说自己在"培养学生的提问能力"，我只能说，我愿意和他们一起躺在没有雾霾的星空下，诚实地袒露自己的无知，然后发出自己稚嫩的声音。当学生提问时，我会让他们的问题成为课堂的一部分。这同样需要操练，因为谁都不喜欢自己既定的路线被打乱，但这些课堂生成的问题来自每个个体的内部，是其个性的表达，代表着他们独特的立场和视角。仔细想想，学生提问对我造成的压力，其实来自"我什么问题都能回答"的骄傲。此时接纳比回答更重要。我惊讶地发现，我可以把这个球抛给别人，因为班级里有好多人都比我聪明、有见识。

"老师一来"的前半部分是我适应越读馆生活、逐渐成为独立教师的琐碎片段；后半部分是同行听我课的感想和记者采访我写的新闻稿。没有玄理宏谈，没有愤慨激扬，也没有博言泛论。这里是一个温暖的所在，是燕子用尾翼剪碎阳光，在白墙上投下的斑驳光点；是薄暮用漂浮的丝发编织成的一张渔网；是醉月用桂花调成的甜酒酿……解甲归田后的山居岁月大约就是这样的吧？同行友好地来听课，你也可以很放松地跟大伙儿开玩笑。在《因阅读而得自由》中，你可以看见我的人生轨迹，也可以理解我为什么钟情于阅读课。

"书桌一摆"部分都是书评，是全书中最沉重、最艰涩的部分。但没有这部分，也就没有了课堂的轻盈和甜美。成为阅读者，是教授阅读课的前提；自己爱阅读，才能激起他人的阅读兴趣。从这个角度看，做课、上课是相当古旧的：教师将自己擅长的手艺活教给他人。但这恰恰是当下一线教师所缺乏的：他们中的很多人缺乏文本鉴赏能力，无法完成文本细读，只能接受别人传递给他们的既定概念。而因为缺乏深入阅读的能力，他们无法鉴定他人评判的正误。在这一部分文字中，我还对教材、小说、教学实录等不同载体中的部分作品做了分析和评价，如果能给同行一些帮助，将深感欣慰。

最后一部分"去远方"是两位学生和一位好友对我的描述。他们很善良，把我看得很美好。但我心中窃喜，因为我愿意成为那样的人。从"我们走"出发，走向远方——无尽的远方，这也正是我的心愿。

铃声一响

现在是他继续前进的时候了，用莱斯莉曾给予他的广阔视野和无限力量，踩着恐惧站立起来，去用美好和关怀回馈这个世界。

—— 朱怡好

醒来是春天
——《睡美人》课堂记录

惊蛰过后，雷声隆隆，埋藏在地下的种子和沉睡中的生命都开始苏醒。爆开的嫩芽、新展的枝条、初绽的花蕾从小区、公园一直延伸到越读馆的课堂。

原来是他。

夏尔·佩罗——学生们的眼睛迅速从这个名字上滑过，试图越过他直接进入那个熟悉的故事。可是等等，夏尔·佩罗是谁？

封冻般的沉默。

真的不认识他吗？他写过《灰姑娘》《小红帽》《蓝胡子》《穿靴子的猫》……我知道！我看过！我还看过电影！一只只举起的手戳破冰面，一个个比现实更真实的人物随着学生们的讲述闪现在教室里。这些人物从欧洲的乡村、从童话里走出，一手拉着我们，一手拉着夏尔·佩罗。

一个陌生的名字，因这些具体的形象而与我们发生关联；一个远方的人，编织故事也编织人生。这似乎隐喻着人类共同拥有一个没有国界和时差的童年。

一、完美的终结

在公主的洗礼上，仙女们送来了缤纷的礼物：美丽、智慧、丰姿、歌舞。这些闪闪发光的祝福同心合力打造出了一个完美的女性。那么，完美的男性需要什么呢？在"完美"的画卷上，学生们一一添上了自己的答案：勇敢、力量、财富、英俊、智慧、善良……还要会做家务！

但死亡来了。老仙女把死亡带进了这场庆典。

那么多的美好，都打不过死亡吗？

人都死了，那些美好还有什么用呢？有学生愤愤地说。

死亡，让这些美丽、智慧都归零了。旁边的同学纷纷点头。

幸亏这不是故事的全部，因为还有一位小仙女，她的礼物还没有送出呢。

二、只是睡着了

我们可以向小仙女学些什么？

她很会倾听，老仙女的唠叨，只有她听到了。

她没有马上跳出来，而是躲起来，观察。

她很有耐心，在屏风后面等待。

她忍住不说话，要等老仙女说了之后她才说，我就常常忍不住。

她发言时声很大，而且在别人都没话可说的时候，大声地说出了对策。

她的办法也很好，因为睡着了和死掉了看起来很像。

的确，睡和死有很多相似的地方，我们古人也把死亡叫作"长眠"。那么，睡和死有什么区别呢？前后桌讨论一下。

呼吸、打鼾、血液循环、体温、做梦、做动作……黑板上记下了他们罗列出来的区别点，很多很多。然后我们还发现了它们的最大区别：生命。原来，睡着的人仍然有生命，而死者却没有。因为有生命，睡着的人还可以很美；因为有生命，睡着的人还可以做梦；因为有生命，睡着的人总会醒过来。

那么，故事可以到此结束了吗？

不可以。她还没有醒啊，只有醒来，才能证明她真的是睡着了。

三、原来是你

要怎么做，公主才会苏醒？

小仙女说公主"只会沉沉入睡一百年"，时间到了，她就会醒来。一位学生引用原文作为依据。

不是的，要有王子。其他同学反对，并且同样引用原文："由一位王子把她唤醒。"

这位王子还要有好奇心，还要很勇敢，还要善于观察，还要……还要向公主下跪！正当这位学生嗫嚅着似乎要说出"爱情"时，其他同学插话了，大家都笑了。

笑声中，一位同学坚定地举起了手：一百年啊，一定有很多人经过这里，这些人里面一定有做王子的。但城堡外面的树把他们都拦住了。

所以，提前去找公主的，会无功而返；如果王子没有爱，他就不会去找公主；如果王子不向公主下跪，公主就不会醒来。把"唤醒"的要素理清后，我提出了课后问题："公主说：'是你吗，我的王子？'公主认识王子吗？"

也许，在青春里，他们会找到"梦中情人"；在不朽的故事里，他们会找到生命的主宰。

无论怎样，在他们被唤醒的那一刻，春天到来了。

摔出来的爱

——《青蛙王子》课堂拾遗

越读馆暑期小学语文课程中的其中一讲，是关于"动物变身"这个主题的。这个主题很普通，但在课堂教学中，竟然有让人意外的生成。

在观看卡通片《哆啦A梦·动物变身报恩药》后，学生们在总结和分析中发现，动物们都很公平，遵循"一报还一报"的规则：有恩报恩，有仇报仇；报完就走，绝不逗留。很有"契约精神"。

然后阅读《青蛙王子》，讨论：青蛙怎样才能变成王子？

有的学生窃窃私语："我看过了。"过了一会，惊异地喊："怎么是这样？以前我看到的是……"他们害羞，不敢说"亲吻"。是的，之前我们听到的，都是公主亲吻青蛙，然后青蛙就成了王子，爱情力量大过天。但在《格林童话》原作里，青蛙是被公主狠狠摔到墙上，才变回王子的。

有学生说："只有遇到公主，青蛙才会变。"

大家都不同意："那王子应该出现在井边，也就是他们第一次相遇的时候。"

也有的学生说："应该是公主一摸到青蛙，青蛙就变了。"话音刚落，他的同桌就提出异议："那公主抓起青蛙的时候，王子就应该立刻出现了啊！"

另外有个学生轻轻地说："一定要打它……"全班哄堂大笑！

纠结住了。

那么，我们回到他们结成契约的现场吧。

学生简述前面的情节：公主的金球掉到井里，她希望青蛙帮她找回金球。

"青蛙提了什么条件？"我问。

学生们开始在文中搜索，找到了相关文字："可要是你喜欢我，就让我做你的朋友，陪你一起玩儿，和你同坐一张小餐桌，同用你的金盘子吃东西，从你的小杯子中喝酒，晚上还睡你的小床 —— 要是你答应这一切，我就愿意下井去，把金球给你捞上来。"

我问女生们能否接受这个条件。

女生们露出鄙夷的神情，然后集体沉默。我叫了一位女生起来，她有些为难地说："只是捡个球，它就要那么多！"

我问一位男生："如果一个漂亮女孩儿让你帮她一个忙，你会怎么做？"男生嬉笑，然后很大度地说："助人为乐，不会提什么条件。"

"如果你是公主，你愿意接受这个条件吗？"女生们齐刷刷地摇头。我赶紧追问："那为什么公主却答应了呢？"

"公主想拿了金球就跑掉！"

"公主想骗它！"

"公主太想要回那个金球了！"

"好吧，"我苦笑着说，"看来，他们俩一个贪心、厚脸皮，帮个小忙就提一箩筐条件；一个成心玩欺诈，得了好处就跑路。半斤八两，天生一对。"学生们大笑。

"公主是很容易摆脱青蛙的，她嗖嗖地跑回了王宫，可怜的青蛙在后面蹭蹭地跳了一天一夜才追上。要是公主不认账，青蛙也没辙啊，它是怎么到了公主的卧室的呢？"

"国王！"

"她爸爸！"

"她是被逼的！"

一个学生比较完整地叙述了国王为维持契约而对公主施加压力，迫使公主不得不履行契约上的条款，然后他补充说，要是没有国王，这个契约就失效了。

"那为什么后来公主又可以摔青蛙了呢？"

这学生急了："他们在卧室里，国王不在啊！"

听到"卧室"，学生们又笑了。

"为什么国王不可以到卧室里监督执法？"

"那是睡觉的地方……"学生一下子想不出合适的词语。

"你们的父母，有做经理、董事长的，有做普通工作的，当他们回到家里时，这些头衔、职务还有效吗？"

"家里只有爸爸妈妈……"学生们为自己的这个发现感到一丝惊奇，眼睛里发出闪闪的光。

"是啊，尤其是在卧室里。无论你是什么角色，什么职务，从事什么工作，你都得成为你自己，没有任何其他的属性，你就是你。国王的权力也有管不到的地方。但公主既然允许青蛙进入卧室，为什么后来还要摔它？"

"因为青蛙很过分，它要跟公主一起睡觉。"

"它找死。"一个男生补充道，大家都笑了。

"它是故意的。"又一个学生补充道，大家又笑。

"为什么说它是故意的？"我追问。

"因为它要激怒公主。"

我暗暗为"激怒"这个词叫好，继续追问："为什么他要激怒公主，因为它欠揍？"学生们狂笑。

"因为……公主是装的……"他搜肠刮肚，可就是找不出合适的语言。

"公主装什么？"我继续追问。

"最开始她装着愿意接受契约，后来装着接受青蛙，她这样做是因为没办法。"

"也就是说，之前公主的表现都是假的，在青蛙的刺激下，她才 —— "

"露出了真面目！"学生马上接茬，然后感到不大对劲，又笑。

"太帅了，只有在这个时候，公主流露出的才是她真实的情感。而只有真实的情感，哪怕是在冲突中表现出来的，才会让青蛙变成王子。"我在黑板上写下了一个大大的"真"字。写完后，转身问女生："你们下课后，会去菜场买几只青蛙来摔吗？说不定可以摔出王子呢！当然，菜场里现在只有牛蛙。"

女生们发出嘘声："才不会呢！"

"为什么？一只青蛙才几块钱，但如果能摔出王子来，你做梦都会笑。"我逗她们。

"因为我不生气啊！"

"因为那只青蛙本来就是王子，菜场里的青蛙本来就是青蛙。"

学生们一个个说得头头是道。

"真实的情感带出真实的自我。"这是我未曾预料的抵达。

谁给你们塞纸条

——《三只小猪》课后记

如何驾驭一个广为人知的故事？如何为老故事装上新翅膀？如何进行跨文本阅读？我从家喻户晓的"三只小猪"系列故事入手，进行教学尝试。

这些文本包括《三只小猪》《三只小猪的真实故事》《三只小狼和一只大坏猪》。它们都以"狼吃猪"为核心，不断建造，不断变化，也不断消解。

一、丛林法则

首先，我采用故事接龙的方式，让学生们在分享中不断补充和完善，建造起他们最熟悉的故事模型：狼吃猪 —— 猪造屋 —— 狼吹屋（只要屋不倒，猪就不会被吃掉）。这个模型的中心，就是房屋，而房屋是小猪的劳动成果，也是小猪的生命保障，只要在房屋里，小猪就能获得安全。一旦失去了房屋，它们的生命就面临危险。

但模型不是故事，故事需要展开 —— 展开情节，展开细节，而展开需要很多很多的"三"。学生发现，小猪有三只，对房屋的态度分三种，这三种态度带来了三种不同的结局。在草、木两个房子都经历了狼的破坏之后，狼对砖房却无计可施，于是就先后用萝卜、苹果、集市三种诱饵来诱惑小猪离开房子。尽管一次比一次危险，但因小猪既勤劳又聪明，每次都早早地来早早地回，仍躲过了狼的捕猎。最后，狼从烟囱硬闯了进去，被滚烫的水煮熟，成了猪的盘中餐。

基本情节确定之后，课堂讨论才真正开始。

"双方博弈靠什么取胜？"

"狼用的是暴力和计谋；猪用的是勤劳和智慧。"

猪用勤劳、智慧争取丛林中的生存空间，为自己建造了坚固的房子，让自己在"吃"和"被吃"的关系中，不至于成为被动者。我把代表猪的"豕"放到代表房子的"宀"下面，大家发出了轻微的感叹：这不就是"家"吗？猪为了生存，努力建造自己的家园，只要家在，它的命就在。猪爱家的本质是爱命。

学生们并没有被我牵着鼻子走，他们不断提出自己的观点。

有的学生说："为什么明知道有危险，小猪还要接受狼的邀请，到外面去？"于是我们将相应的信息梳理出来，发现狼要猪去的目的地越来越远，诱饵也越来越丰富，小猪暴露在无保护状态下的时间也越来越长。如果想要绝对的安全，猪就会失去机会，陷入物质匮乏的境地。危机，不仅意味着危险，也意味着机遇。有的学生说："其实我们也跟小猪一样。我们原先都待在家里，后来去幼儿园、去小学，以后也会离家越来越远。如果一直待在家里，我们就无法真正地长大。"

有的学生说："为什么三只小猪不让砖房先经受考验？这样就不会有小猪死了。"他试图通过优化排列来降低损耗：如果狼先遇到的是第三只小猪，那么前面两只小猪就不会死了。同样的力量，不同的组合，结果就不一样。

还有的学生说："猪好残忍，竟把狼给吃了！"用残忍的手段对付残忍的敌人，是否公正和仁慈？这一发言说出了《三只小猪》的核心思想：丛林法则，不是你吃我，就是我吃你。狼一心吃猪，自不必说；猪的目标是，用勤劳、智慧来争取丛林中的生存空间，努力让自己不被吃掉，同时也绝不放弃吃掉狼的机会。猪和狼之间所不同的，仅仅是它们处在强弱的两端，而你死我活、弱肉强食的丛林法则却从未改变。

二、公正原则

而谢斯卡在《三只小猪的真实故事》中，则让狼为自己的所有行为进行了辩解——

它去找小猪是为了借一杯糖给奶奶做生日蛋糕；

它吹倒房子是因为重感冒引起无法控制的喷嚏；

它吃猪也是出于狼的尊严，不至于给狼族丢脸；

它认为自己被猪羞辱，因为猪对狼不理不睬、大吼甚至侮辱；

…………

学生们在仔细观察文本和画面后，形成了很鲜明的两派，一派认为狼是无辜的，另一派则认为狼是在撒谎。为了让双方的辩论有理有据，我让他们仔细观察，不放过任何一处细节。大家发现，审判此案的法官是小红帽，此事的经过刊登在"适合猪阅读"的《小猪日报》上，这是多么不公平的法律环境和舆论环境！听起来，狼实在太无辜了，而绘本则通过汉堡里的秘密配方、遥远的"邻居"等信息，让狼的谎言无从立足。

但大家仍达成了一个共识：无论狼多么坏，我们都要给它一个说话的机会，一个为它自己辩护的机会。这就从第一则故事中的丛林法则，转到了公平法则。

这时，有学生想到了第一个故事，说："狼虽然要吃小猪，但它没有撒谎。它说那里有萝卜地，就真的有；它说那里有苹果，也真的有；它说自己六点来，就真的六点来。相反，猪却总在骗人，答应人家的事一件都没有做到。无论怎样，我们都不可以撒谎。"

我问："对坏人可以撒谎吗？"

她说："也不可以。"

另一个学生发表见解，说生存优于道德，如果命都没了，还跟谁去谈道德呢？

这一见解引起了其他学生比喻式的阐发：生命和道德的关系，就像瓶子和水。没有生命这个瓶子，道德这个水也就无处可放了。

小插曲很快就过去，然而，"生存与道德"的伦理张力却将从此伴随着我们的生命。

三、爱的法则

崔维查的《三只小狼和一只大坏猪》，最受小朋友们喜欢。

这个故事将"三只小猪和大坏狼"变成"三只小狼和大坏猪"，强弱攻守都发生了变化。

三只可爱的小狼非常懂得享受生活，它们用最美的中国茶壶喝上好的中国茶，它们晒太阳、洗泡泡浴，它们打槌球、羽毛球，它们玩跳房子游戏，它们吃很好吃的"狼爱爱甜品"……但大坏猪却一再破坏它们的幸福生活。当它们在砖房里时，大坏猪就来吹吹吹，见吹不倒，就用大铁锤砸毁房子；当它们另建了钢筋水泥房子后，大坏猪又来吹吹吹，见吹不倒，就用风钻凿毁房子；当它们用带刺的铁丝网、铁闩、钢板、结实的密封玻璃和铝合金链子建起比监狱还牢固的房子后，大坏猪还是来吹吹吹，见吹不倒，就用炸药炸毁房子。

最后，三只小狼用鲜花造了一个风一吹就摇摇欲坠的鲜花房子：第一面墙是康乃馨，第二面墙是黄水仙，第三面墙是玫瑰，第四面墙是樱花。房顶是向日葵，地面是雏菊。浴缸里有睡莲，冰箱里有黄毛茛……当大坏猪再来吹吹吹时，它在迷人的花香里陶醉了，心变得软软的。然后……三只小狼和大坏猪就一起分享中国茶和甜品，玩猪猪倒挂和猪来了等各种游戏。

这样，第一个故事中的生存竞争消失了，彼此间的关系也不再是弱肉强食；第二个故事中的自辩也消失了，没有人来解释前因后果，论证孰是孰非；第三个故事超越了生死竞争和法律公正，描绘出了一个新的画面：人们在爱中放下武器，停止攻击，一起分享美好的一切。这里所遵循的，是爱的法则。

但学生的问题却永不止息：

"为什么火烈鸟、犀牛之类的动物不来帮助小狼摆脱大坏猪？"

"大坏猪都已经实现现代化攻击了，可为什么每次都要吹一口气？"

"狼和猪的矛盾可以用爱来解决，但爱能解决其他问题吗？"

"如果能的话，为什么我们还需要监狱和军队？"

…………

我不知道他们是怎么想到这些问题的，但每个问题似乎都很重要，也都不那么容易回答。

一旦我们将课堂开放，给孩子们留出一点儿提问的空间，孩子们的观察、思考就会因为得到激励而变得深入，他们会提出许多质量很高的问题。我们不必害怕回答不了他们的问题，因为不是所有的问题都必须在课堂内马上解决。给孩子们提供有趣的故事和安全的环境，帮助他们提出问题，远比给出一个固定答案更接近教育的本质。

秋天的名字
—— 给未来的孩子起名字

我在课堂上要求学生给自己未来的孩子起一个名字,来寄托他们对孩子的祝福和期待。一个姓谢的女孩,给自己未来的孩子起名"谢谢你"。因着这个名字的诞生,世界要增添多少爱和感谢啊!还有人给孩子起名"程咬金",金价大涨,含金而诞,仿佛随身带着社保。最阳刚的,是一个姓盛的小朋友,他给自己的孩子起名"盛志豪",名字间充满了向上扩张的力量。

有个姓梁的小男孩,写完作文后就开始"梦游",一个人在教室里慢慢地走来走去。我过去搂住他的肩膀,他就靠在我怀里,顺从地被我塞回座位。他在作文里,给自己未来的孩子取名为"不知道",然后设想自己孩子的老师们会有多么困惑。从龙飞凤舞的字迹中,我看得见他的快乐。

梁不知道

梁熙博

我的孩子叫什么名字好呢?

无论是男是女,我都准备叫他"梁不知道"。

为什么呢?因为孩子将来上学时,老师会问:"你姓什么?"

"梁。"

"名字呢?"

"不知道。"

"你的名字！"

"不知道。"……

一想到这里，我就忍不住要笑。也许老师会打电话到家里，但也没关系，我就告诉老师："不知道！"

梁不知道，这个名字别具一格，真有趣！

谢谢你

谢筱璐

我给我的孩子取名为谢谢你，很奇怪吧？因为我想让他或她特别懂礼貌，每当别人读到他/她的名字时，都会留下一个好印象。在校园里回荡的总是："谢谢你，帮老师发一下本子。""谢谢你，帮我把作业本拿到我的办公室来。""谢谢你，去一下保管室。"好像很有礼貌似的，在让他/她做事时，人们总会在前面加上一句"谢谢你"！我特喜欢念这个名字！

这样的课，几年下来，总有些相似的情况，也总出现相似的问题。

第一，未成父子，先做兄弟

学生给孩子起的名字很接近自己的名字：除了姓之外，还有一个字也是一样的，看起来和自己的孩子就像是兄弟或姐妹，而不是父子或母女，毕竟只差一个字嘛！虽然我努力帮助这些孩子拓展思路，但是我也看到，他们接纳自己现在的名字，喜欢父母对自己的命名，乐于在自己的孩子身上延续从父母而来的爱，从而让爱的河流不断向着未来流淌。

第二，男孩女孩，各有所爱

学生们在接到写作任务后的第一反应是："我不知道自己的孩子是男是女！"你看，他们已经有了性别意识。不过这次，大家可以自由选择孩子的性别。

几乎所有的男生都选择生儿子，几年下来只有一位例外，甚至有学生说"要是生了女儿就崩溃了"。而女生却没有这样极端的倾向，在性别选择上比较均衡，没有流露出"不能接受生个男孩"的情绪。从中可以看出，在性别的自我认同上，男生比女生要高得多，他们对性别的偏好也更为明显。

第三，孕育生养，男女有别

每个班都会有几个女生迟迟不肯动笔，她们往往受困于"我还不知道我丈夫姓什么"这个问题，甚至有人站起来，表示这个问题不解决的话，"作文就没法写"。她们现在就认定，将来从自己腹中生出的孩子必须被冠上男性的姓。她们似乎从小就放弃了冠姓权，而让另一个人在自己的孩子身上刻下宗族的烙印。

与之形成鲜明对比的是，没有一个男生说："要是我没有太太，我怎么会有孩子呢？"是的，连一个都没有。每个男孩都想当然地认为自己的基因将得到繁衍。但世界并不欠他一个太太，不受女性欢迎的男性必遭冷遇、淘汰，并将失去传播基因的机会。从来没有人告诉他，男人要用爱、智慧和能力来获取女人的帮助。有一天，当他发现自己所笃信的东西竟然无法兑现时，他的心底必然会生出极大的愤怒，甚至可能会不顾一切地用暴力来残忍地报复这个社会，尤其是报复女性。

当前的文化培养出了他的空想：占有并不属于自己的事物。这种文化所设置的性别等第，在每个家庭和每个人心中运行，堵塞了本该由爱流淌的心灵河道，让人充满暴戾、恐惧和不安。但希望也在运行，当有学生问："怎么可以跟妈妈的姓呢？"马上有孩子回应："怎么不可以？我就是跟妈妈姓的！"

秋天，越过崇山峻岭，跨过大江大河，给未来起一个名字。

我需要帮助
—— "求助课"上的小插曲

五年级的最后一课，我们思考如何"求助"。

"在动弹不得的紧急时刻，我们渴望得到外界的救助，以摆脱当前困境。要成为你的救助者，需要有哪些属性和特点？"

"要很有能力、很聪明，这样他才可以帮到我。"

"要考试成绩很好，这样他才有空来帮我。"

"要很善良，肯帮我。"

"要跑得很快，不管我在哪里，他都可以赶过来。"

"要很公平，不会偏心。"

"要懂中文。"

"为什么？"

"能听得懂我在说什么呀，要是他听不懂中文，怎么帮我？"

瞧，他们说得都很合乎逻辑，每个人对提供帮助一方的期待，也照见了他们内心的需要。合适的问题，加上合适的空间，让孩子们的智慧就这样开始闪闪发光……

但一只手臂举了起来。

"老师，我为什么需要帮助？"小朱眼里半是迷惘，半是狡黠。

我心里咯噔了一下：是啊，我们为什么需要帮助？

也许大多数孩子都和我一样，心里咯噔了一下。

"你认为怎样的人才需要帮助？"

"不好的、很差的人。"

"弱者！"有人从座位上站了起来，提供总结。

"你认为你是一个——"

"我又不弱。"小朱说，他小心地避开"强者"这个说法，而采用了消极性的表述。

"可你会生病。""你还会老掉牙。"有两个孩子回应道。

大家都嘻嘻地笑了起来，也许想到了彼此老掉牙、皱巴巴的样子。

"那就不要长大了。"

"就像彼得·潘那样！"大家开始七嘴八舌起来。

"大家的意思是不是说，只要成长，就会面临变成弱者的危险？"我把问题澄清了一下。

"是！"

"那要不要长大？"

"还是要的，老长不大挺没意思的。"

"怎么没意思呢？你可以一直读小学，今年读，明年读，年年读，读到你胡子一大把，还是读小学。"大家哈哈大笑。

"长大了，我可以开车。"

"开车去南极看企鹅。"

"我可以一个人到外面旅游。"

"我可以看懂很多书。现在爸爸看的书，我都看不懂。"

"你还可以写书。"有人揶揄道。

"我还可以去献血。"

"我可以玩很多游戏。"

"我还是要帮助吧，这样看起来比较好玩。"小朱笑了。

在看似闹哄哄的讨论中，学生们关注的是关于成长的悖论。古希腊哲学家芝诺说："人的知识就好比一个圆圈，圆圈里面是已知的，圆圈外面是未知的。你知道得越多，圆圈也就越大，你不知道的也就越多。"成长也是如此，你越成长就会越发现自己的不足，就会越发现自己需要成长、需要帮助。真正的勇敢，不是一直蜷缩在自己熟悉的安全区，而是不断突破自我的限制，向着明亮那方攀缘生长，或者面临未知的黑暗海洋，破茧而出，展开冒险的翅膀，迎接未来的不确定性。真正的能力，不是一切尽在掌握中，而是学会如何获得帮助。

我要帮助，你呢？

附：学生作品

屎壳郎的求助

小石

请赐给农场主更多牲畜吧，
这样我就有更多粪球可食。
请赐一条平坦的道路吧，
这样我在滚粪球时，
可以少翻很多土坡。

帮助破洞

小政

在一件坏事发生以前，
请你赐给我魔力，
把这件事消除。
请让衣服上的破洞消失，
让妈妈永远不会发现。
请让我闯的祸还没有发生，
或者已经发生了很久，
这样我就可以平安度过今晚。

需要自由

小君

愿我们得自由。
在大雨倾盆的夜晚，
请允许我们畅快地奔跑；
在大雪飘飞的时候，
请允许我们在外玩耍。
我们需要自由！
与其在灯光下夜以继日地做作业，
不如在阳光下痛快地打篮球。
我们需要自由！
虽然住在繁华的城市，
我们的心不该被试卷和补习班限制。
我们需要自由！

鹦鹉回家

小怡

让我的小鹦鹉回来。
它向来是一只听话的鹦鹉。
当它用那尖尖的嘴打开笼子上的锁，
在天空自由飞翔时，
你只要叫一声，
它就会飞回阳台的笼子中。
我哭了好久好久，
还在阳台上放了一把它最爱吃的小米，
两天、三天……
它却再也没有回来。
请帮助小鹦鹉回家。

谁来安慰
——《亲爱的汉修先生》全书阅读拾遗

　　这次，我们读的是获得纽伯瑞儿童文学奖金奖的童书《亲爱的汉修先生》。在学期之初，我们就在课程预告单上说明了"全书阅读"的书目、版本要求和阅读期限。在课前半个月，我们会有一次比较正式的提醒，同时我们还预备了几本书，为临时忘带的小朋友"补漏"。这样，基本能保证每次全书阅读时，每个人都看过书，上课时每人都有书看。

　　这本书让孩子们感到很亲切。书中的主人公跟他们一样，在写作上有困难，在生活上很软弱，但他被人以爱相待，也以爱回应他人。用鸡骨头挖土豆泥吃、给饭盒安装警报器、被迫写作文……这些或新奇或熟悉的场景和细节，让孩子们的情感随着情节的跌宕而起伏不已。不少孩子课后还去找了这本书的续篇《再见了，汉修先生》来看。

一、难过时的安慰

　　故事开始时，雷伊因为父母离婚，不得不跟随母亲转学来到新学校读六年级。他很沉默，没有朋友，爸爸爽约，没能准时给他电话，弄丢了亲爱的小狗"土匪"，还带别的小男孩去吃比萨……各种不顺心的事情蜂拥而至，连自己的午餐都屡屡被人偷吃！然而在各种麻烦中，"写不好作文"几乎是最让他苦恼的。他被妈妈逼着回答汉修先生提出的十个问题，从而让一个应付性质的作业变成了一段奇妙的成长旅程。

　　渐渐地，雷伊从麻烦的漩涡中触摸到了自己的幸福：妈妈吃苦耐劳，勇敢地承担一切，追求更美好的生活；凯蒂阿姨关心他，给他吃各种美食；法兰德林先生关注他、陪伴他并提醒他要看到别人的存在；语文老师帮助他养成良好的学习习惯，鼓励他表达自己；图书馆女管理员关注他所读的书；女作家充分肯定他的写实作品；汉修先生幽默地引领他寻找最适合自己的语言；小狗"土匪"用自己的存在给予他向外扩展的热情和勇气……连大自然都用蝴蝶和树林让他看到，这世界多么美好。

当雷伊受到打击非常难过时，妈妈来安慰他；妈妈难过时，海浪来安慰她。只要有人来安慰，难过就会很快过去。

这时，有学生问："海浪难过的时候，谁来安慰它？"

我笑了。几秒钟后，就有另一个学生说："大自然来安慰它呀。"

提出问题的学生再问："那大自然难过的时候，谁来安慰它？"

回答的学生说："造物主来安慰它。"

提问的学生又问："那造物主难过时，谁来安慰他呢？"

是啊，如果造物主只有一位，当他难过的时候，那就真的很难过去了。

二、阅读中的匹配

我们还一起看北野武的代表作《菊次郎的夏天》（片段）。

为什么要在全书阅读中安排观看非同名影视作品呢？

以同名影视作品配合全书阅读，是一种常见的教学方法。但"契合"原作的，并非只有一部影视作品。影视作品在表达文学作品时，可以"全面还原"，也可以"部分创新"，更可以"得其神韵"。前同事肖贞老师就曾给学生播放过几个不同版本"福尔摩斯"：杰瑞米·布雷特主演的《福尔摩斯探案集》属于全面还原；康伯巴奇主演的《神探夏洛克》变换了时空背景和案情，属于部分创新；由刘玉玲扮演华生的《基本演绎法》则塑造了一个人性更为丰富的福尔摩斯，可谓只取神韵而舍其余。

作为"配课"的视频，也同样可以有还原型、创新型和神韵型这三种不同的类型。比如，读《红楼梦》时，我们可以用1987年版的电视剧《红楼梦》作为"还原型"视频；在学习"末日危机"时，我们可以用电影《2012》，因为它用一种创新的方式表现了灾难；在学习《亲爱的汉修先生》时，我们则采用《菊次郎的夏天》，为的是取其神韵。

菊次郎是个无赖，助人寻母之旅的第一天就输光了路费，不得不和受助者正男徒步搭顺风车去东京。辛苦到达后却发现妈妈早已另建新家。菊次郎安慰正男，地址对了，但人不是这个，下次再找吧。菊次郎抢来"天使之铃"，骗正男说这是妈妈留给他的，只要摇一下，就会有天使来。"天使之铃"，其实就是希望之铃。菊次郎和另外三个男人——好人先生、重磅先生、光光先生，折腾各种游戏和恶作剧来安慰正男。天上有北斗，地上有风铃，阴沉的正男开始有了笑容，开始关心别人；浑浑噩噩的菊次郎开始变得慈爱，找到了人生的道路。本片由北野武导演、编剧并剪辑。北野武的父亲就叫菊次郎，北野武说："生前好像和他没有说过话的记忆。可是现在回想起来，他真的有点寂寞。这一次的电影主题有点像扫墓孝亲的感觉，这也算是供养。"

影片中小学生正男的处境跟《亲爱的汉修先生》中的雷伊很相似：同样的无父，同样的母亲忙于他事，同样的内向害羞，也同样的处在爱的环绕中……所不同的是，影片中给予孩子安慰的，不是正常的成年人，而是人生失败、生活混乱、没有固定工作的社会边缘人。而更大的不同是，影片是从菊次郎的角度来讲故事的，而不是从正男的角度，这让人看到，菊次郎在试图给人安慰的同时，也让自己得到了滋养和成长。这样，影片就围绕"安慰"建立了两种不同的视角，从而让人际互动更为有力。

三、成长里的欣慰

"看完关于'安慰'的书和影片，你有什么安慰人的妙招？"

学生们分享了自己安慰别人的经验：喂给他吃的；跟他玩；陪着他；给他讲故事；和他一起打球、打游戏；听他说话；告诉他自己曾经比他还要惨；讲笑话给他听，要是他还难过，就把自己变成一个笑话……

我知道他们在安慰他人时都很慷慨。方方爱吃零食，每次午餐都会点鸡腿套餐。吃饭时，他总是留着鸡腿，等把其他东西全部吃完之后，再手持鸡腿到前台拿给小俞老师。小俞老师因为忙于前台工作，每回都是等所有人吃完饭后再胡乱扒两口。饥肠辘辘的小俞老师手里忙着活，只好眼睁睁看着方方用干净纸巾把烤得酱黄油亮的鸡腿递上来，一边工作一边不停地咽口水。

以前很少给学生发课堂奖品。后来发觉，也许可以在课堂上给孩子更多的正面激励，于是准备了一些小奖品。孩子们很激动，不是为奖品本身，而是为那钥匙扣上的字。笑笑喜欢的是"温柔"，小远则有些不好意思地选择了"忍耐"，大家发出会心的笑。因为"愤怒的小鸟"游戏红极一时，孩子们还很喜欢作为其衍生产品的笔记本。

快下课时，有学生问我："菊次郎这样的混蛋、无赖，为什么还会有那么漂亮的妻子呢？"我回答不上来。等中午吃饭的时候，我忽然想到，无论漂亮不漂亮，妻子都不是奖品！

其实，这节课并没有随着下课铃而结束。骆昱霏在总结小组讨论时说，安慰一个人时，可以陪在他身边，说一些另外的事情来分散他的注意力，别让他总是关注那件让他伤心的事。她还说，有些事，过一阵子就会自然过去。回家后，她对妈妈说："雷伊原本是一个只关心自己、只为自己着想的孩子，所以他没有朋友，也没有快乐，容易消沉。通过与汉修先生通信，他的转变很大。"睡前，骆昱霏说："妈妈你也很忙、很累，我会尽量不让你操心。"妈妈分享了孩子在家里的言行，充满欣慰。

穿透故事的你的眼

——《绿野仙踪》与《西游记》比较阅读

一个童话里隐藏着人类所有的故事。这个故事，在东方传唱，也在西方演绎。它在不同时空、不同情境下幻化出千种形态，但内部却有着惊人的相似。当多萝西和唐僧相遇时，这种隐藏于多态之下的共同特质就会被显露出来。这节课里，我们要学习的是：穿透故事的外壳，找到叙事的经脉和梦想的内核。

支撑起这节课的是神话学大师约瑟夫·坎贝尔（Joseph Campbell）的"英雄之旅"神话理论。坎贝尔通过神话人类学研究，发现数千个英雄故事都呈现出某种共性的结构，并成为人类的集体潜意识。他将这种英雄之旅分为12个阶段：

1. 正常世界

2. 冒险召唤

3. 拒斥召唤

4. 见导师

5. 越过第一道边界

6. 考验、伙伴、敌人

7. 接近最深的洞穴

8. 磨难

9. 报酬

10. 返回的路

11. 复活

12. 携万能药回归

坎贝尔的理论表述多少还有些抽象，而编剧大师克里斯托弗·沃格勒（Christopher Vogler）则在其《作家之旅 —— 源自神话的写作要义》中，应用了坎贝尔的理论来解析一系列的经典作品，以英雄之旅理论解剖经典名作，其中《绿野仙踪》被作为典范中的典范来分析。因此，阅读坎贝尔的《千面英雄》《神话的力量》和克里斯托弗·沃格勒的《作家之旅 —— 源自神话的写作要义》是非常必要的，可以帮助教师建立整节课的架构。

可是，这种理论要不要在课堂中呈现？在什么时候呈现？如果不呈现，学生的讨论就会像冰屑雪珠，初时颗粒晶莹，少时就会消融为虚空；但如果一开始就呈现，学生的思维就很容易被这个理论束缚，并会以"填空"的方式进行观察和思考，信息探索就会倾向于短、平、快，缺乏深度和个性。因此，我决定，先让学生自由探索，到最后环节再呈现坎贝尔的神话理论。这样，学生既有自由伸展的空间，又能完成一个模型的半成品，更能得到与大师相呼应的乐趣。好，隐藏起所有装备，等待铃声响起。

课堂开始，前后桌自然组成四人小组。组员们首先轮流分享了《绿野仙踪》和《西游记》的情节，把故事组装起来。《西游记》流传广远，且有影视、连环画等多种改编形式，学生们对作品比较熟悉。加上暑期课程中他们曾经学习过"紧箍咒""二师兄"等专题，因此说起来个个眉飞色舞。《绿野仙踪》的故事结构也非常清晰，可以很有序地进行分享。

分享完毕的小组，寻找《绿野仙踪》和《西游记》的相似之处。教师发下阅读材料，并给出具体要求：有观点，有证据，有分析。

30多分钟过去了，教室里叽叽喳喳、窸窸窣窣、呱啦呱啦……不时有不满的埋怨声和队员的劝解声。嗯，都停下，该由你们的发言人出场了。一阵紧张后，各组发言人轮流到教室前面发布本组研究所得。

大家都遵守共同的发言规则：已经发表过的观点，不可重复。所以，当别人发言的时候，每个人都不得不认真聆听。

大家在这两部作品中发现了一些秘密。

一、经典"五人组"

1. 最初大家说的都是"四人组"——《绿野仙踪》里的队员是多萝西、稻草人、狮子、铁皮人，《西游记》里的队员是唐僧、孙悟空、猪八戒、沙僧。

可是有学生说，《西游记》里还有白龙马呢！马上有另一个学生说，《绿野仙踪》里还有托托呢！到底是"四人组"还是"五人组"？大家讨论后认为，宠物也是家庭成员，所以应该是"五人组"。

2.《绿野仙踪》中，只有多萝西是完全的人，她最善良、最软弱，但使命感也最强，目标也最明确，并甘心舍己。虽然平时都被大家照顾，但每到山穷水尽之时，她总是挺身而出，解救队员于水火。而且无论遇到什么情况，她都不迷失方向，不放弃梦想。唐僧也是如此，西行之旅原本是开心、有趣的，但只要唐僧在，各路妖怪们就会被吸引过来。他在哪里，危险就在哪里。但是，哪怕下一刻就要成为粉蒸肉，他也不会后悔，他也从未留恋过东土大唐的美食、美人、美景。要成为一个领袖，不仅要有力量和智慧，更要有目标和对目标的坚持。

3. 从"困"到"团"。一路走，一路遇到受困者，一路解救；受困者被解救后，会加入团队，或者以别的方式帮助团队。《绿野仙踪》中，多萝西将稻草人从木桩上救了下来，然后与新成员一起将铁皮人从铁锈中拯救出来，将胆小狮从恐惧中释放出来。《西游记》中也是如此，唐僧将孙悟空从五指山下救出，然后又一起将猪八戒从他老婆炕头上救出，将沙悟净从流沙河里救出。遇到受困者，只要你拔刀相助，将"木"字中的右边一捺拔除，"困"就会转化为"团"。

4. 稻草人、狮子、铁皮人各有欠缺，孙悟空、猪八戒、沙僧也是如此。

5. 两个团队都有明确的目的地，一个是回家，一个是西天。

6. 实现目标后，各人都去了各自的地方，不再待在一起。

二、善恶相争

1.《绿野仙踪》里有善女巫、恶女巫;《西游记》里有观音、如来、各路妖怪。

2. 善的角色先出来,也在最后出现,并使问题最终得到解决。

3. 恶的角色后出来,并制造危机,然后被转化或消灭,到结尾时不再出现。

4. 恶总是因为贪恋善所拥有的某样东西而对善发动攻击。

三、都有珍贵法器

1.《绿野仙踪》里有银笛、金冠、银鞋等,《西游记》里的法器更是数不胜数。在这个环节,大家讲得眉飞色舞,尤其讲到唐僧的法器紧箍咒时。

2. 每种法器都有超自然的能力,但都要受到限制。有的受次数限制,比如召唤飞猴的金冠;有的受使用方法限制,比如水晶鞋要相互摩擦才会产生魔力;有的要用咒语启动,比如紧箍咒。而且,法器的能力越强,受到的限制就越多。

有学生插嘴说,《哈利·波特》里的魔杖就没有限制! 马上有其他学生回应道,魔杖是会认人的!

四、困境就是前进

1. 两个作品都是"进程中遇妖 —— 陷入困境 —— 遇到救助 —— 脱困,继续前进"的模式。

2. 团队在危机中成长,同时,故事在这种模式的重复中形成章回节奏。

五、看似可以省略的出行

多萝西拥有的银鞋可以让她去任何地方，只要双脚相互摩擦三次；孙悟空一个筋斗云就可以到西天取经，不需要经历那么多磨难。而且一个筋斗云跟取经路程都是十万八千里，这可不是巧合哦。

但生命就像一座雕像，美好的本质一直都在，但需要经过雕琢、修剪才能显出。这就是"在路上"的意义。相比他们所要到达的目的地，主人公们在旅途中所经历的种种艰辛和欢欣雀跃，他们所感受到的精神压力和情感浸润，才是真正塑造他们内在生命的力量。

稻草人所追求的智慧、铁皮人所追求的情感、狮子所追求的勇气，本来就在他们里面，但只有通过水浸、火炼和各种不确定，这些品质才会被显明、被树立。

彼此担待才是团队，每个人都不是一个人在战斗。孙悟空看似完美，却有着与天争胜的骄傲，只经过磨难才会被建立品格。有学生说，孙悟空的磨难，是紧箍咒！是的，当他到达目的地，完成自己的使命后，金箍自然就脱落了，而他则成了斗战胜佛。人真正的敌人，从来都不在外面。

孩子们七嘴八舌说得差不多了，这时候我出示了坎贝尔的神话理论图表，然后就着图表展开沃格勒对《绿野仙踪》的分析。不需要将这12个阶段逐一讲到，只要选择其中有代表性的，点到即止。因为孩子们自己会沿着理论的逻辑找到跟故事对应的点。他们不但找到了能与这12个步骤相对应的点，甚至还在图表的启发下，发现这两个故事都有"导师"的出现——《绿野仙踪》里有善女巫，《西游记》里有观世音菩萨。令人颇感欣慰的是，在老师没有要求的情况下，不少孩子主动拿起笔记本把图表描画了下来。

下课时，大家纷纷感慨：传奇，无问东西；英雄，千面一人。

影子大地

—— 《纳尼亚传奇：狮子、女巫和魔衣柜》全书阅读

C.S. 路易斯 1898 年出生在北爱尔兰的一个清教徒家庭里，父亲是个律师。童年时，他喜欢猫在阁楼上阅读、幻想。9 岁时，母亲去世，他离家进入英格兰一所严格的寄宿学校读书。26 岁时登上牛津大学教席，并在后来被称为"最伟大的牛津人"。何光沪先生说，在英语世界里不知道 C.S. 路易斯，就像在中文世界里不知道鲁迅。

他没有自己的孩子。直到 58 岁时他才遇见挚爱，几年后妻子因病离世，但他对待继子道格拉斯如同己出。他的继子道格拉斯在 1988 年出版了《影子大地 —— 我与乔伊·葛蕾逊和 C.S. 路易斯共度的童年》（此书后来被改编成舞台剧上演，并被拍成了同名电影）。而路易斯的《纳尼亚传奇》则筑梦童年，成为全世界无数孩子的阁楼上的光。

自 1950 年《狮子、女巫和魔衣柜》出版后的六年里，路易斯每年都要发表一本《纳尼亚传奇》，以露西四兄妹的亲历展现魔法王国纳尼亚的兴亡。其中 1956 年出版的《最后一战》，为他赢得了英国儿童文学的最高荣誉"卡内基文学奖"。按时间顺序排列，纳尼亚的世界是这样的：

1.《魔术师的侄子》：纳尼亚诞生；

2.《狮子、女巫和魔衣柜》：帕文西家四个孩子通过魔衣柜打败女巫，成为纳尼亚的君王；

3.《能言马与男孩》：一匹会说话的马和一个奴隶男孩历经艰辛保卫纳尼亚；

4.《凯斯宾王子》：四个孩子再次进入纳尼亚，帮助逃亡的凯斯宾王子夺回王位；

5.《黎明踏浪号》：凯斯宾国王寻找被放逐的七位大臣，孩子们和尤斯塔斯加入航程；

6.《银椅》：尤斯塔斯和女孩吉儿一起进入纳尼亚，寻找失踪的瑞廉王子；

7.《最后一战》：纳尼亚的终结。

即使这本普及度极高的《狮子、女巫和魔衣柜》，仍有学生尚未读过。所以我提前一个多月就做预告，提醒大家完成通读。当大家揣着《狮子、女巫和魔衣柜》来上课时，有些学生已经看过两遍了。所以，我们用故事接龙的方式比较流畅、简洁地完成了耙梳情节这一环节。接着，大家提出了自己的问题，分享了自己的发现。教室里并不安静，翻书声、开关文具盒声、发言声、回应声，甚至偶尔底下传来的嘀咕声都交织在一起。等到问题解决、波面平静之后，我开始提出我的要求。

这个问题必然要贯穿全书。

这个问题必然要兼及形神。

这个问题必然会跃升见识。

关于这本书，我的问题是："纳尼亚王国中存在着哪三种魔法？"

一、普通魔法

"你在书中观察到了哪些魔法？"这个问题是用来撒网的，让孩子们去寻找、去发现，然后归纳的工作才能水到渠成。

"石化！白女巫把反对她的人都变成了石头。"反应快的孩子马上举手。

"还有那些兽，它们也被变成了石头。"有人补充道。

"变形术，白女巫可以把一样东西变成另一样东西。她变出了好喝的热巧克力，还有那个糖。"

"土耳其软糖。"刚才那个孩子的回答已经比较完整了，但还是有其他同学来补充。

"她把纳尼亚的季节给变了，她偷走了春、夏、秋，只留下了冬天。

而且……"小桐略微有点儿紧张，一边翻书一边继续说，"'永远是冬天，却从来没有圣诞节'，这句话在书里出现了至少四次。白女巫把圣诞节也偷走了。"嗯，有根有据，周围的同学微微点头，小桐如释重负地坐了下来。

二、远古的高深魔法

"我认为这些魔法都是普通魔法。"小尧的想法总是与众不同，"这些魔法虽然很神奇，但都是零散的。远古的高深魔法比这些更神奇。"

"那高深魔法又是怎样的？"我追问。

"高深魔法写在石桌上，刻在秘密山丘的耐火石上，也刻在远海大帝的权杖上。它以文字的方式存在，跟前面那些魔法不一样，那些魔法都没有形成文字。而且它是远海大帝最初就设置好的，它的立法者很有权威，在时间上也是最早的。这个魔法使得白女巫有权杀死任何一个叛徒。"小尧在书边上贴了荧光贴，书页上做了一些记号。随记随贴，有助于我们快速阅读和记录，很显然小尧的学习习惯提升了他的学习效率。

"按照这个标准，霍格沃茨魔法学校所教授的魔法是 —— "我想到了《哈利·波特》。

"普通魔法！"大伙儿嚷了起来。霍格沃茨魔法学校所教授的那么酷炫的魔法，原来只是普通魔法，这对大家来说的确够新鲜。

"在本书中，普通魔法和高深魔法对谁的影响最大？"

"爱德蒙。最初爱德蒙骗人，说纳尼亚不存在，他成了叛徒，所以就要被处死。"佳佳有些羞怯，所以用的句子都是短短的。

"'叛徒就要被处死'，你说中了要害。还有同学想要补充吗？"

"爱德蒙还抛弃了自己的兄弟姐妹，圣诞老人来的时候，他跑去找白女巫了。"小戴又替爱德蒙增加了一条罪状。

"其实爱德蒙也是受害者，他吃了魔法变的土耳其软糖，失去了理智，成了叛徒，然后就被高深魔法控制了。"子恒看到了普通魔法和高深魔法在逻辑上的关联，并因为这样的关联而对人产生了怜悯：他发现了人的软弱。当高深魔法渗透到每一寸土地、镌入每一个文字的底层时，所有的人都将活在它的影响之下而毫无察觉。而白女巫正是利用了人的贪婪、竞争、嫉妒、恐惧等心理，以普通魔法或利诱或威逼，让人无可避免地触碰到高深魔法，从而收割所有人的生命。

三、更远古的高深魔法

"爱德蒙死定了，他没有时光机。"我一边摇头一边叹息，"高深魔法规定叛徒必死啊！"

"他不用死，因为还有更远古的高深魔法呢！在第130页，我是用译林版的。"小邓子笑着说，然后开始朗读，"一个自愿送死的牺牲者，本身没有背叛行为，却被当作一个叛徒而杀害，石桌就要崩裂，死亡就会起反作用。"

"你来解释一下这个魔法。"

"好的。就是说，当一个不是叛徒的牺牲者自愿被当作叛徒杀害时，死亡就会起反作用 —— 死会变成生。"小邓子说。的确，几乎所有其他能力都以杀死活人的方式来表现威力，而更远古的高深魔法却是以起死回生的方式来表现其权柄和能力的。

"那么，死变成生的条件是 ——"

"不是叛徒""自愿""被当作叛徒杀害"，大家很快就找到了。

"所以强迫是没用的，自杀也是没用的……那么，谁不是叛徒？"在一片点头中，我提出了一个不像问题的问题。

"彼得、苏珊、露西，他们都不是叛徒。"有人反应迅速，但马上就有反对的声音："你看看后面啊，他们都有危险的时候呢！"看过全套书的，就有了信息上的优势。

"谁没有撒过谎？"我突然从"魔法"中跳了出来，"谁没有想过坏念头？或者谁没有在生气的时候恨不得某人马上消失？"教室里立刻弥漫着尴尬，有小手试着耸起一点点儿，但马上又塌了下去。最终谁也没有举手。

"看来，你们都是叛徒。"教室里鸦雀无声。

"我也是。"我话音刚落，大家就"啊"的一声，松了口气。

于是我们开始定睛阿斯兰，因为只有阿斯兰才符合所有的条件。当他自愿在石桌上受刑并且复活时，那些被冰冻的开始融解，那些被石化的开始变得柔软，苍白的嘴唇重新红润，沉寂的胸腔开始响起心跳声……他说愿意，于是纳尼亚就获得了重生，因为阿斯兰献出了自己的生命。

"白女巫好冤啊！"小石在底下摇着头，叹息不已。

"为什么说白女巫冤？"

"玩游戏是要讲规则的，白女巫根本就不知道后面那个。"小石就像个辩护律师一样，"就是那个高深魔法，不，是更远古的高深魔法，她连听都没听说过。所以说，阿斯兰在忽悠她。"

"白女巫到底知不知道更远古的高深魔法？"我继续问。底下有摇头的，有点头的，但都很迷惘。看来应该换一种问法。

"获得信息的渠道有哪些？"

谁知道我问了这个问题后，教室里的学生更加迷惘了，连先前的摇头、点头都没了，大家开始变得愣愣的。试试举例，看看他们能否明白。

"你会直接喝刚烧开的水吗？你从哪里得知这样做是不对的？"

有人说自己小时候被烫过，有人说父母教导过。于是我就问："白女巫经历过更远古的高深魔法吗？有人告诉过她吗？"然后回到文本。孩子们发现，白女巫从未见证也从未亲历过这样的魔法，就算有人告诉她，她也不可能相信。

"白女巫那么狡猾，她为什么不占卜算一下呢？"潇潇这个问题提得真刁钻啊！

"她算不出来的。"小乔说，"白女巫以为所有人都跟她一样以自我为中心。她的魔法不是害人就是引诱人。'自愿替别人死'，绝对不可能出现在她的算法里。"

"那么她能否想象呢？"我心里虽然惊叹于小乔的洞察力，但我要借他之力继续拓宽大家的思路。

"她也不可能想象得出来，因为她已经把这种做法排除在外了。"小乔对答如流。

如此看来，白女巫之所以对更远古的高深魔法一无所知，并非因为阿斯兰的欺骗，而是因为她给自己设定了界线和樊篱，拒绝更远古的高深魔法的进入。

"那么，你从何处获得更远古的高深魔法的信息呢？"

当然，这是这节课的最后一个问题，也是另一个宏大的话题。

《纳尼亚传奇》的作者被誉为"三个C.S.路易斯"：一是杰出的牛津大学和剑桥大学的文学史家和批评家，二是深受欢迎的科幻作家和儿童文学作家，三是通俗的基督教神学家和演说家。以往我们总是以"跨领域"来形容其广博的知识面，但在面对《纳尼亚传奇》时，我们会产生这样一个设想：学术研究和文学创作，是C.S.路易斯信仰的投影；尤其是儿童文学，更是在那束信仰之光穿透阁楼玻璃后，投射在孩童世界里的一个影子。

带一本书去冒险
——《霍比特人》读书会

5月3日，黄金假期的最后一天，越读馆的教室里坐满了小学三、四年级的孩子及其家长。孩子们大多来自杭州的不同学校，最远的，竟然是从宁波、河南等地长途跋涉而来的！他们的脸上充满了紧张与期待，因为他们面临的，将是一次史诗级的大冒险；而他们的装备，不过是托尔金的一本书——《霍比特人》。

转眼已到14:00整，我们的冒险队正式出发啦！孩子们拿出书本，前后桌就近组队，跟随教师以最快的速度进入霍比特人的世界。

一、敌我双方大点名

教师出示一幅地图，孩子们用三分钟的时间观察、回忆地图上曾经发生的故事。

终于熬到发言的时候。孩子们的手指远远地指着投影屏幕，沿着霍比特人的远征路线，重现那一次次历险，那一份份收获：甘道夫如何去巴金斯家里吃饭，如何游说巴金斯去冒险；如何在一个大房间里遇到三个食人妖，食人妖想吃矮人，巴金斯如何拯救他们；如何在白房子里碰到精灵；如何在水中的小岛上碰到暗藏宝贝的咕噜……当然，还有贝奥恩、蜘蛛、座狼和半兽人的故事。似乎当人沉溺于安逸生活的时候，就会有个声音将我们的目光带往远方；当人畏缩在角落里的时候，就会有个力量将我们推动着离开熟悉的故土；每次冲出自己的边界时，总会遇到强大的边界护卫，而战胜这些护卫后就会得到宝藏。从食人妖、座狼，到半兽人、史矛革，无不如此。而所谓成长，就是生命版图的不断扩张和力量的不断提升。

"这个故事里都有哪些人物呢？"

小组里，大家七嘴八舌地列出了各派人物：巴金斯、巴林、多瑞、欧瑞、梭林、诺瑞、格罗因、甘道夫、巴德、索伦、贝奥恩、史矛革、半兽人、食人妖、咕噜……

教师一边板书，一边问："这个人物该板书在哪儿？"于是，孩子们再把这些人物分成了几大种族：霍比特人、矮人、人类、精灵、半兽人、食人妖。

"还有老鹰！"一个孩子大声补充道。

"还有贝奥恩！"

…………

二、核心问题细梳理

点名完毕，教师抛出了两个核心问题：

1. 远征队的冒险哪一次最可怕？

2. 如果巴金斯不参加冒险，他会有什么损失？

班上一阵持续的寂静，那是大家在沉思默想。

接着是一阵翻书声，那是大家在搜索查考。

然后嗡嗡的讨论声浪开始袭来，大家争着发表自己的看法，教室里有如春潮涌动。

对第一个问题，有的学生认为打恶龙的时候最可怕，有的认为是打座狼和半兽人时，还有的认为是遭遇蜘蛛时。

"如果巴金斯不参加冒险，他会有什么损失？"

损失当然很多啦——

"他会损失一种勇敢的精神。"

"是的，"教师充分肯定了这一回答，"勇敢是冒险的赠品，请在书本上写下'勇敢'二字。"

"他还会损失成为精灵之友的机会。"

"他还会损失友谊。"

"他会损失他的喜好。"

教师追问:"这个怎么讲?"

"他以为霍比特人的血统不喜欢冒险。"

教师作恍悟状:"哦,原来他们的血液里其实流淌着冒险精神。"

如果说"to be, or not to be"是哈姆雷特的问题,那么追寻可能性就是霍比特人的课题。当大多数人都在叫嚷着"成为你自己"的时候,霍比特人已在自卑和犹豫中选择了超越自己。

三、现场写作"这是谁?"

片刻休息后,教师提出了新的任务:在相关段落中找出描写人物外貌的句子。

孩子们认真地在书页中查找着,时不时圈点、勾画、做记号。

他们发现,原来要想写出让人过目不忘的外貌是非常简单的,只要抓住人物最非同一般的特点就行了,比如,可以通过斗篷的颜色来辨认十三个矮人;遇到尖顶帽、长胡子和巨大黑靴子的组合,则必是甘道夫无疑;身形很矮、没有胡子、拥有一双毛茸茸脚垫的,当然是走可爱路线的霍比特人了;而身体黏糊糊、睁着油灯样苍白大眼的那一位,不用怀疑,就是咕噜……

孩子们兴奋地谈论着,完全没有意识到这只是个热身环节。

好啦,真正的考验来临了!

教师发下稿纸,让孩子们现场给坐在后面的"亲爱的"爸爸妈妈画像,写出他们的特别之处。关键是,写完后,要让别人来猜猜写的是谁。

孩子们佯作无奈地唉声叹气,可是下起笔来却毫不含糊。有的写妈妈的穿着打扮,有的抓住妈妈的小虎牙,还有个孩子写得过于笼统,最后导致找不出自己的妈妈,教师提醒他加入一些细节,妈妈这才成功显身。

在一片欢声笑语中,教师问:"写完'亲爱的',现在我们来练习写

'可怕的'。怎样描写可怕的庞然大物？比如……"

"史矛革！"孩子们接道。然后，他们说，要描写史矛革的声音，啊呜啊呜的；要写史矛革喷出的火焰；要写史矛革一个爪子比一间屋子还大；要写史矛革把整个天空都占满了。听完孩子们的发言，教师关掉电灯，播放影片，让大家在影片中发现技巧的应用。

四、争战

"史矛革最爱什么？"

孩子们毫不犹豫地嚷道："黄金！""钱！""珠宝！"

"史矛革为什么喜欢黄金呢？"

"谁不喜欢呢？"有个孩子大胆地反问。

是啊，谁不喜欢呢？矮人国老国王索尔的心就被财宝腐蚀，导致了整个山下王国的败落；新国王橡木盾的心也被财宝蒙蔽；森林精灵则因为财宝而放弃友谊、撕毁誓约……就像史密戈被"我的宝贝"——魔戒——变成咕噜一样，史矛革也为财富失去了天空和远方。金钱对它毫无实在的意义和价值，而它却为了贪欲而失去自由——为了占有对自己毫无益处的财宝，它死守洞穴，失去了翱翔的天空；为自己并不需要的事物，失去了最宝贵的自由。

"可是……巴金斯把钻石送给了精灵。"有学生提醒道。

"这本来就是巴金斯的工钱。"有人补充道。

"巴金斯是自由的。"

"他战胜了。"

"战胜了什么？"

"金钱。""贪婪。""本性。""自私。"一个又一个的答案冒了出来。

"真正可怕的战役发生在哪里？"在跟孩子们分享《霍比特人》的过程中，我们看见了奇幻的现实意义：发现自己的战场。

五、战场

在以上讨论中不难发现：

1.奇幻使现实更清晰

当孩子们在一堆胡子、大脚板、斗篷中认出甘道夫、比尔博、矮人的时候，他们会发现，每个人都有各自的独特之处，每个人都和别人不一样。大家都从"套话"的丛林里走出，走上与众不同的道路，成为"这一个"。

2.冒险发掘潜能

比尔博本是众多霍比特人中并不起眼的一个，但是孩子们发现，冒险使比尔博冲破了霍比特人的自我定义，拥有了别人所没有的勇敢、友谊和舍己精神。走出自己的安全区后，他迎来了更为丰富的人生。

3.梦想照亮人性中的幽暗

当孩子们思考"史矛革最爱什么"时，他们发现，矮人王国的财宝是整个冒险故事的核心推动力。史矛革并不需要财宝，但它为贪恋而占有。同样的，矮人国国王也因为对财宝的贪恋而被腐化。无论是食人妖、半兽人还是座狼，它们的伤害力都远不及人内心的贪欲。在《霍比特人》中，最艰难的一场战役，正是人与自己内心的邪恶势力的作战。

大多数奇幻作品都会涉及形象、能力和人性这三个层面，孩子们也是通过在阅读中经历"安全的冒险"，进入了比现实更真实的世界，发现了自己生命中的战场。从这个意义上说，我们和孩子，乃是战友。

冷静的理性，热情的心

——《通往特雷比西亚的桥》全书阅读

纽伯瑞儿童文学奖金奖作品《通往特雷比西亚的桥》，我们选择的是新蕾出版社 2014 年版的，译者陈静抒。

"如果把这本书插在书架里，你会主动把它取出来吗？"

一些学生面露难色，说这个书名有点"看不懂"。

怎么不懂了？

书名有九个字，完全陌生的纯音译词"特雷比西亚"就占了五个字，它像一块巨石挡在了路上，阻碍读者接收信息。仔细观察封面，发现英文书名是"Bridge to Terabithia"，这样反倒更容易让人理解：通向某地的桥。英文书名中"桥"被放在了句首，突出了"桥"这个核心意象。而"特雷比西亚"被放在句末，成为相对独立的单元，对阅读造成的干扰就没那么明显。

一、归纳法

那么，什么是桥呢？

越是习以为常的事物，越难以界定。面对一个从天而降的字，我们该怎样展开思路呢？不妨从形而下开始：先用这个字来组词 —— 是指桥的类型，而非具体某一座桥，这样就能把断桥、丁桥、打索桥、余杭塘桥、沈塘桥（以上均为杭州地名——编者注）等排除。

大家找到的桥，有天桥、吊桥、拱桥、索桥、立交桥、高架桥、廊桥、浮桥、梁桥……还有人说"心脏搭桥"。

这些桥有什么共同点？

桥能让人从一个地方到另一个地方。

只有桥能做到这点吗？

路，路也能让人从一个地方到另一个地方。

桥是越过去的。

桥不用接触下面的水，就可以直接到达对岸。

为什么要越过下面呢？

下面有水啊。

立交桥下面是车流，在车流中走很容易"挂掉"。

高铁走的是梁桥，下面有悬崖啊山岭啊什么的，不越过的话就没法走。

"经过"是路的特点，"越过"是桥的特点。那么，我们的主人公要越过什么呢？

…………

对书名的研究所产生的问题，能推动小读者对内容进行探讨。不断用问题推动他们，促使他们从一字到万象，继而众水归一。等再有一两次操练后，告诉他们：这种从特殊到一般、从现象到本质的逻辑，叫归纳法。

二、比较法

除了归纳法，在这本书的阅读中，我们还使用了比较法。比较法既应用于对两位主人公家庭背景的分析，从而从人口、经济、教育、关系四个层面对家庭进行评估，也应用于对圆形人物和扁平人物的学习。

圆形人物和扁平人物这两个概念是爱德华·摩根·福斯特在《小说面面观》中提出来的。福斯特说："17 世纪时，扁平人物称为'性格人物'，而现在有时被称作类型人物或漫画人物。"扁平人物往往是"可以用一个句子表达出来"的漫画式人物，易辨认，易识记，通常用于表现"一个简单的意念或特性"。圆形人物是指文学作品中那些拥有复杂矛盾性格的人物形象，这些形象打破了"好""坏"或者其他标签的限制，呈现出多层次性和多侧面性特点。

那么，在《通往特雷比西亚的桥》一书中，哪些是扁平人物，哪些是圆形人物呢？

学校里的坏蛋有两个，一个是盖瑞，一个是简妮丝。

盖瑞是个扁平人物，冷漠、缺乏同情心，单纯的坏，并且自始至终没有改变。

简妮丝则是个圆形人物，一方面她是校园霸凌者，另一方面她又是家暴受害者。她在学校里横行霸道，可当收到伪造的"校草情书"时，她深深地陶醉其中。一个内心渴望被爱、被肯定、被接纳，而行为上却只会用暴力与人交往的形象，跃然纸上。

学校里的老师有两个，一个是爱德蒙兹小姐，一个是迈尔斯太太。

爱德蒙兹小姐像一道彩虹，带着雨露闪着光，在杰西灰暗的生活里投下明艳斑斓。她美极了，是纯粹的、脆弱的美。

而迈尔斯太太，这个一学期只笑两次的语言老师，对教学一丝不苟，对学生严格甚至严厉，像一块坚硬冰冷的铁镇纸。但当杰西痛失爱友时，迈尔斯太太却展现出难以想象的温柔。她掏出自己心底珍藏的记忆，将杰西失去莱斯莉的伤痛，等同于自己失去丈夫时的伤痛。没有劝解，没有安慰，只有感同身受，像土地接纳万物一样，接纳杰西的情感，无言却坚定。

主人公也有两个，一个是莱斯莉，一个是杰西。

你没法不喜欢莱斯莉——无拘无束，自由自在，充满奇思妙想，勇敢地去冒险，创造了特雷比西亚王国，过着在地如同在天的生活。她像个天使降临到云雀溪，又像一只云雀飞离小镇，也把永远的改变烙在了云雀溪。然而她仍是一个扁平人物，因为她美好得毫无瑕疵。

相比较而言，杰西更像个尘世俗人：家庭环境不理想，经济捉襟见肘，父母为生机所困，跟子女缺乏交流，两个姐姐跟灰姑娘的姐姐一样，虚荣、俗气又懒惰。他还要承担很多家务，甚至要穿姐姐剩下的球鞋。学校也不理想，校风保守，面对家暴行为，不但不进行干预，反而指责受害人，让受害人经受二次伤害；老师古板，只有爱德蒙兹小姐一个人穿裤子而不穿裙子；同学中充满了反智和霸凌。杰西两处受压，无处透气，只有试图通过跑步来获得个人存在感。而他的绘画天赋在云雀溪小镇则无人发现。

然而他保持着渴望和想象，在短暂的疑惑后跟莱斯莉交上了朋友。当莱斯莉离开后，他战胜了哀伤、痛楚和自虐，成为特雷比西亚的"王"。他从软弱走向了坚强，从怯懦变为了勇敢，从被动翻转为主动，他身上的复杂、丰富的性格深深吸引着我们。如果说莱斯莉让我们钦羡、仰望，那么杰西则让我们敬重、平视。

在比较中，扁平人物和圆形人物的特点和差异变得清晰起来。一旦建立起了概念，它们就成为两大模型，能帮助我们对不同人物进行归类和分析。因为在同学、老师、主人公等三个层面都出现了扁平人物和圆形人物，因此在课堂上就有了不断深入探讨的机会。

三、学会提问

更可贵的是，在这节课上，学生们开始锤炼自己的提问能力。他们苦思冥想，只为提出一个精彩的问题。教师的要求是"根据你对本书的了解，设计一个问题"。

1.真问题vs伪问题

是不是带问号的都是问题呢？答案是否定的。

我们来仔细观察问号，它像什么？是不是很像鱼钩？

正如鱼钩的价值在于能钓到鱼，真问题的价值在于能钓到新信息。那些无法钓出新信息的问题，都是伪问题。比如，课堂上老师问学生"好不好"，大家齐声说"好"；问"对不对"，大家齐声说"对"，其侧重点是问答的仪式感，而非问题本身。

我们设计的问题，应该是真问题，是能帮助回答者发现新信息的问题。这就意味着你在提出问题时，就开始触摸、寻找答案，并且是同行之中离答案最近的那个人。

2.强问题vs弱问题

问题有真伪，也有强弱。所谓的强问题，指其具有强关联性，能够在不同的信息之间建立联系，使不同的信息岛屿组成群岛。强问题需要强劲的思维动力，需要用思考打通关节。比如"为什么杰西和莱斯莉要帮助霸凌者简妮丝"这个问题就准确地抓住了简妮丝的矛盾性——她既是学校里的霸王，又是家庭暴力和校园欺凌的受害者。当她以霸王身份欺负弱小的梅宝时，两位主人公忍无可忍；而当她成为一个受害者时，两位主人公又开始帮助她。他们的反应，正好彰显了人性。这个问题既让人更深切地认识到简妮丝这一形象的复杂性，又促使人思考：如果说欺软怕硬是人的基本特性，那么为什么主人公对于强大要抗击、对于软弱却要帮助？而要做到这些，又需要怎样的内在素质和外部能力？看，一个强问题，往往能将各处信息连接起来，并且像一个助产士一样，推动着产生更多的新问题。

而弱问题，往往是点状的、松散的，可以从文本中直接找到答案，不需要进行脑力活动。比如，有学生问："直到开学的周几，杰西才第二次与莱斯莉相见？"这在书中第三章第一句中就可以很轻松地找到答案。再比如，"为什么杰西和莱斯莉要伪造情书报复简妮丝？"这在第五章中也可以找到答案：因为简妮丝抢了梅宝的蛋糕。只需要搜索一下文本就可以找到答案的问题，属于弱问题。衡量问题的强弱，关键看（1）它能建立多少联系；（2）它需要动用多少脑力。

3.大问题vs小问题

有时，即使是同一个问题，不同的问法，带来的结果也截然不同。在问题的表达上，要尽可能地清晰、准确，只描述不论断，切口尽可能小。

"简妮丝的内心真正是如何的？"这个问题以简妮丝的内心世界为研究对象，非常好，但表达模糊，"是如何的"这一问法完全没有指向性。究竟是"哪方面如何"，还是"什么东西如何"，抑或"哪个阶段如何"？如同老虎吃天，无从下口。只有找到小而精的切口，才能循序渐进，使问题有的放矢，并迎刃而解。

为了更清楚地表达这一点，我们来比较两种问法。

A. 莱斯莉是怎样和杰西成为朋友的？

B. 杰西和莱斯莉在生活中差别很大，例如家境、个性、教育条件等，那么他们是如何成为知心朋友的？

这两个问题的指向是相同的，但A问法笼统模糊，让人不知道该从哪里说起；而B问法则凸显了他们之间存在的巨大差异，从而使他们的共鸣、相契显得珍贵而可爱。指出差异，反倒能聚焦中心。

再来一组比较。

A. 莱斯莉为什么死得这么早？

B. 为什么作者让莱斯莉在中途突然离世？

A问法抢在读者判断之前，就下了"早"的结论，然后再基于这个结论来展开探讨，有先入为主的嫌疑，而且，将"莱斯莉"作为主语，在句式上会让人产生"莱斯莉自杀"的误解。因此，此问题在指向上不精确。

B问法则准确地将主语锁定于"作者"，显然提问者很清楚这是虚构作品中作者的设计。"突然离世"，无论是情节发展，还是个人感受，都是很准确的。只是"中途"一说还值得商榷。

课堂中的全书阅读，不仅是读故事、读情节，更应该是读方法、读路径，同时必须拥有冷静的理性和热情的心。这也是越读馆全书阅读所坚持的原则，即不仅要看见字面上的信息，也要看见字面以下的思想和情感。正如根据本书改编的影片中所一再强调的："Close your eyes, and keep your mind wide open."（闭上眼睛，敞开心灵）

学期结束时，朱怡好说："这学期印象最深的一节课莫过于《通往特雷比西亚的桥》了。那节课上完后，我马上按照老师上课所说的，提出了一些问题，然后写了一篇读后感《最冷的夜》，再一次体会杰西在得知莱斯莉死讯的那晚，无法入眠、无处得温暖的心情。这一下，我才发现莱斯莉对于杰西的意义和重要性。我又做了摘抄，发现莱斯莉给了杰西站起来的勇气，让他不害怕黑暗，勇敢前进。正是莱斯莉的离去，使他决心变得更坚强，并独自统治着特雷比西亚王国，以关怀和美好来回馈这个世界。"

附：朱怡好同学写的读后感

最冷的夜
—— 再赴特雷比西亚

"不！"这是莱斯莉死后，杰西说出的第一个字——他不愿相信，也不愿承认莱斯莉已经死了的事实。

杰西在奔跑，他一直跑着，不顾踉跄的步履，不肯停下。跑步是他逃避现实的唯一方式，并因此使他成为全五年级跑得最快的人。是谁的出现使这一切的一切有了改变？是莱斯莉。是莱斯莉把他从奶牛场带到了特雷比西亚，帮他打开了想象之门，把他变成了一个国王。他曾以为这样就够了，足以消灭他内心的躁动不安和隐藏着的恐惧与胆怯。

然而，当莱斯莉真的离开时，他的梦里又有了恐惧的感觉，这使他猛然清醒。尽管穿得很多，但他却冷得发抖，身子僵硬，依然不肯相信莱斯莉已经死去的事实。美好的月色冰冷着他的胃，寒冷搅动着他杂乱、模糊的思绪，噩梦的阴影还没散去。

也许特雷比西亚是能让他继续前进的地方，这都是莱斯莉的功劳。即便是在特雷比西亚，她也在尽力避开他心中的壁垒，让他走出桎梏，看见前方那真实的世界——巨大而可怕、美丽而又异常脆弱的世界。在这个世界里，他也要关心他人，和莱斯莉一样，甚至去关心那些他曾以为的坏人。

现在是他继续前进的时候了，用莱斯莉曾给予他的广阔视野和无限力量，踩着恐惧站立起来，去用美好和关怀回馈这个世界。

爱，就是现在
—— 全书阅读《圣诞颂歌》课堂琐记

　　狄更斯在《双城记》的开头写道："这是一个最好的时代，这是一个最坏的时代。"一个时代有两种读法，一个生命也有两种活法。同一个狄更斯在《圣诞颂歌》中展现了斯克罗吉两种不同的生命状态：从守财奴成为慈善家。这是一种"出死入生"的体验。全书从"马利死了"开始，直到最后斯克罗吉感觉自己就像初生的婴孩。作者在抨击、批判现实的同时，也从未放弃过希望。

　　还没开始上课，坐在第一排的楚楚就为难地说："我看不下去了，看到斯克罗吉那么吝啬，就很难受。"于是，我们就从斯克罗吉的吝啬谈起，他的贪婪，他的不知足，他的恐惧让他成为金钱的奴隶，失去了亲情、友情和爱情。金钱掏空了他，并且将他紧紧裹住，任何人想要接触他，都必须由金钱作为中介。

　　有些学生敏感地发现，斯克罗吉正是我们暑期所学的"守财奴"——一样的"极吝致富"，一样的"断绝六亲"，一样的"聚敛无厌"，一样的不肯施舍、不愿接济穷人。这一发现让大家兴奋不已，原来守财奴不分古今中外，原来贪财虽是人性的一部分，却会吞噬人性的其他部分。斯克罗吉正是被贪财之心控制，失去了与他人建立关系的意愿和能力，他的人际关系只剩下纯粹的金钱关系。他在失去圣诞节的同时，失去了自己，也失去了爱的能力。

　　以前，每当谈到爱，孩子们就会窃笑，仿佛在谈论一件不可告人的羞事。这些日子下来，他们开始习惯听到"爱"这个字，也开始正面接受爱这件事。在他们所接受的信息里，"爱"曾是一个被污染的词语，自带情欲的污秽和随之而来的禁令。因此，当被要求在鲍勃家中寻找爱的时候，他们有些茫然。但只要老师举了相关的例子，他们就会发出"噢"的一声，然后很快就会在文字中搜索到正确的"猎物"。

他们首先找到的是爱的魔法。

一、爱的魔法

◎ 爱会让食物变大，一点点布丁就能获得众人称赞；

◎ 爱会让餐具增大，两三个杯子就能供应全家需要；

◎ 爱会让人与人变得亲密，一家人乐于相互亲吻、拥抱、握手；

◎ 爱会制造节日，让大家为某一件事情围坐在一起；

◎ 爱会让人的心变软、变暖，舍不得让心爱的人多焦急一会儿；

◎ 爱会给人能力，并让人热心分担家务；

…………

大家还发现，爱是甘愿为苛待你的人祝福。尽管斯克罗吉对自己的职员极为悭吝、刻薄，鲍勃却在圣诞家宴上提议为斯克罗吉祝福。而鲍勃的太太为了自己的先生，也为了圣诞节，虽愤愤，却依然为斯克罗吉祝福。更可贵的是，有些学生发现，爱能对抗"丛林法则"。鲍勃最小的儿子生来就有腿疾，体弱多病。按照自然中的丛林法则，他会被抛弃。然而，因为爱，这最弱小的孩子成为整个家庭的中心。是啊，所谓的家庭，就必须心中有爱，在彼此相爱中，共同对抗丛林的冰冷决绝。当有学生说出"对抗"的时候，大家都感受到了爱的力量。

那么，爱在这部小说里究竟有哪些具体表现呢？大家一边阅读，一边用荧光笔做记号，等全部看完后，再对已经搜集到的信息进行总结。

二、爱的记号

◎ 爱就是即使贫穷，也要让自己爱的人快乐。体现在第 4 页倒数第 2
段，老头和老太太在破烂的屋子里开心地与他们最爱的儿女一起

唱歌。（童语菲）

◎ 爱就是离家再远，也要相互祝福。见第 5 页右上部分。（童恩杰）

◎ 虽然妈妈做的布丁很小很小，但全家没有一个人觉得不够吃。因为爱会让很多东西变得很大。（周文婷）

◎ 真正的爱是相互的，只有你爱别人，别人才会爱你。只有相互的爱才能碰出火花。见第 5 页倒数第 20 行。（冯弈涵）

◎ 他们虽然穷，但很知足。他们为家里最弱小的蒂姆祈祷，为他的快乐而快乐，为他的病痛而忧伤。他们拥抱他，想尽办法使他健康、幸福。（何雨恬）

根据大家所找来的信息，我们对爱的形态进行了归类。

三、爱的语言

1. 称赞、肯定、鼓励的语言。

2. 贴心的服务。

3. 用心预备的礼物。

4. 特别时节的仪式。

5. 肢体的亲密接触。

这不正是盖瑞·查普曼在《爱的五种语言》中的基本观点吗？我们将各个点一一列出，做成了一个爱的五角星。

你在生活中是否听到过爱的语言？好好回忆下你在过去一周听到的或宏大或细微的"爱的语言"。

四、爱的声音

◎ 每次考试前，爸爸都来帮我复习，表现得比我还努力。（楚楚）

◎ 我爸最近在工作上不顺利，有一个员工把数据分析弄得乱七八糟。看着他愁眉苦脸的样子，妈妈就烧了爸爸小时候最喜欢吃却也最难吃到的炖羊肉。爸爸笑了。（吴宇泰）

◎ 我们一家人看肥皂剧时有说有笑。（马浩然）

◎ 妈妈和爸爸在家时老黏在一起，拉也拉不开，还说着一些亲昵得过分的话。（孙岳）

◎ 出门时，妈妈总是对我说："饭盒！水杯！笔！"（陆启恒）

◎ 去年，爷爷和奶奶在家里大吵，奶奶一气之下离家出走了。可是，天公不作美，竟然下起了雨。爷爷在家里来回踱步，急得像热锅上的蚂蚁，不时望着窗外。后来，他终于忍不住了，撑着雨伞出了门。不一会儿，他们俩就一起回家了。奶奶衣服没湿，可爷爷全身都湿透了。（陈轶瑶）

◎ 我每次上学来得早的时候，都能看见我们的班主任牵着她女儿的手。（嵇宇成）

◎ 有一次，我在上课时说了一句非常"搞事情"（网络用语，意为"惹是生非"。——编者注）的话，老师就拿起一把气垫锤子，狠狠地打了我一下。我眼里有了泪光。老师说："不怕不怕，又不会死人的。"下课后，他来到我面前，温柔地问我："没事吧？肯定没事，对吧？"（吴明楷）

◎ 一次，我在老师办公室写作业。作业错了很多，老师把我骂了个狗血淋头。放学后，老师却很温柔地对我说："以后做作业要认真。"（沈磊）

◎ 昨天我实践课作业没带，结果我同桌直接把他的作业剪开，分了一半给我。最后我们俩都被老师骂了。（大家都发出了惊叹、羡慕的声音）（俞乐天）

在此，我们可以看见：

◎ 爱是无条件接受你；

◎ 爱是夸奖你手中的工作；

◎ 爱是肯定你心中的梦；

◎ 爱是为你流泪；

◎ 爱是常常想起；

◎ 爱是迫不及待地想要见到你；

◎ 爱是相信终有一天会再见面；

◎ 爱是舍己。

如果爱只是一些教条、一些要求，那就无法落地生根。爱需要现在，需要三餐一宿，需要呼吸脉动，需要在此时此刻活出来。那么你会怎样去爱、去表达爱呢？学生们的回答仿佛是从很远的远方传来的回声。他们仿佛变成了自己将来要长成的模样，在一切可能中让爱运行。

五、爱的实践

◎ 如果我是董事长，我会给员工加薪，节日给他们放假，定期给他们发礼品，为他们提供各种美食，每年还会给他们发年终奖。（陈笑然）

◎ 如果我有一个好朋友，我会在他生日时送给他一份我认为最好的礼物。（朱霄彦）

◎ 如果我是一名清洁工，我会爱路上的人。我会在路上立一块牌子，上面写着"我爱你们，别乱扔垃圾"。（辛西娅）

◎ 如果我的好朋友以后被渣男伤害了感情，我会第一个冲上去把渣男打得落花流水、屁滚尿流，然后陪我的好朋友去逛街、买衣服、看电影，再睡上几天几夜。（柳笛儿）

◎ 如果我是一个老师，我会爱学生，对他们严厉，又默默地帮助他们。（周邑竹）

◎ 如果我是老板，我会给员工一个舒适的环境，把伙食变好，定期给员工买礼物、涨工资，在员工需要帮助时予以帮助。（纪宇清）

如果是当下呢？让我们把时间拉近一点儿，"接下来一周，你会用什么方式来表达爱？"

六、爱在当下

◎ 我准备在圣诞节给妹妹买她最喜欢的笔记本，或者给她一个我自

己做的热缩片，还可以给她美术课要用的颜料和自来水笔，甚至可以买一只小仓鼠送给她。（陈萱窈）

◎ 我打算给朋友送上祝福和礼物；为妈妈做家务并对她说"圣诞快乐"；对老师进行称赞；拥抱家里的每一个人；和朋友一起布置圣诞树。（倪瑾瑢）

◎ 我要把我所有的爱都给弟弟：在他放学时，抱抱他，拍拍他的背；送他最喜欢的小汽车；夸他英语读得好，夸他的画好看；陪他一起洗脸，帮他挤牙膏，帮他挂毛巾；在他睡觉时，在他床头挂一只圣诞袜。（谢雨希）

◎ 我打算为家人送上圣诞礼物，认认真真地做一些家务，对爸爸妈妈做的菜给一些满意的评价，并且在晚上好好地大吃一顿。（吴嘉怡）

听着学生们的描述，我仿佛看见：爱，充溢在家庭的每一个角落。它不仅占据着空间，也占据着时间，无论是过去、未来，还是现在。

课堂生存手册
——"求生课"的语文味

小学语文课究竟是姓"小"，还是姓"语"？在谈到说明文教学时，这个问题总是被提出来。对小学生来说，说明文究竟意味着什么？学习说明文能获得快乐和满足吗？他们能与说明文亲密相处吗？带着这些问题，我们开始了六年级秋季的一节课。

在课上，我们大声朗读了《怀斯曼生存手册》——英国皇家特种航空部队（SAS）教官怀斯曼根据其半生军旅生涯的丰富经验撰写的一部求生教程。教室里的声波塑造出一个个危难的场景，并在抑扬顿挫间描摹作者如何艰难求生，乃至到最后转危为安。

语音落地，语言的种子便开始扎根繁衍 —— 在生死关头，我们该怎样使用语言？怀斯曼已经给了我们非常充分的示范，只需要观察文本，就可以发现其中的奥妙。

学生一个猛子扎进文本，潜泳其中，采纳不息。5分钟后开始吐泡泡了。

1. 有很多表示命令的词语，不是"要"，就是"不要"。

2. 让人付诸行动，不演"内心戏"。

3. 用了很多专业术语。

4. 短句多，长句少。

5. 句式简洁，没有复杂的句式。

6. 只论生存意志，追求高效，不谈情怀。

7. 使用否定句时，后面通常会有不按照要求操作可能会发生的后果 —— 一般都比较惨。

…………

清晰、扎实的文本观察，成为课堂讨论的坚实基础，也是后期其他工作展开的起点。在广泛的采样过程中，学生开始变得用心起来，因为他们发现语言策略关乎生死，轻慢不得。

其后的文本阅读，继续强化、细化"可执行文本"的语言特点，学生们的心已经很激动了——我发现了"可执行文本"的秘密！当贝爷[①]的头像出现在屏幕上时，他们一下子就沸腾了，可是因为我的"凶残"，他们又只能拼命压抑住自己的狂喜。他们在自己咚咚咚的心跳中，探询着贝爷口中的"可执行命令"。果然，贝爷和怀斯曼采用的是同一种语言策略。

热得差不多了，可以锻造了。好，接下来是最容易叫人哭爹喊娘的写作（实际上写作是最受大家欢迎的课堂内容）——根据你对课堂的了解，写一份《课堂生存手册》，以便新生"荒野求生"。才五分钟时间，大家就已嗖嗖嗖地列了十几条。

有课前预备层面的：

◎ 不能把猫狗带来，因为它们会害怕。（蒋臻）

◎ 不能在教室里吃东西。（贺喜）

◎ 要在课前 5 分钟抵达教室。（朱嘉怡、曾天择、陈思辰、陈睿）

◎ 请带好教室"求生工具"：笔、笔记本、水杯、发光的眼球和开窍的脑子。（周乐缘）

◎ 如果你没有准备笔记本，你必须在老师发现之前找到一张可以做笔记的纸。（丁一楚）

◎ 上课前必须做好课前准备，否则你会死得很惨。（陈奕安、马浩然）

◎ 你可以通过迟到、上课打断同学发言等方式来获得课后"1 对 1 辅导"超级大礼包。（林子茗）

有课堂规范层面的：

◎ 不得触碰教室里的教学器材，包括并不限于老师。（梁思远、郑佳烨）

◎ 发呆时，要凝视老师，这样老师就不会发现你在发呆。（钱博文、嵇宇成）

---

① 贝尔·格里尔斯（Bear Grylls），英国探险家，因《荒野求生》等探险节目而闻名。

◎ 桌面要整洁有序，给自己留出学习的空间。（赵奕铃）

◎ 坐端正，不要摇晃膝盖。（陈泮伊）

◎ 不要随意晃动你的椅子。（楼昊喆）

◎ 上课时要关门，否则机密可能会外泄。（袁烨）

◎ 朗读时，要把讲义拿起来。（吴明楷）

◎ 朗读时，要昂首挺胸、神气活现，不要像低头认错。（章泽源）

◎ 坐着时不说话，说话时不坐着。（何雨恬）

◎ 别的同学朗读时，你也要跟着默读，这会让你跟上队伍，并"看见"很多。（吴宇泰、孙岳）

◎ 用荧光笔在讲义上做记号，可以提高你的阅读效率。（傅冬予）

◎ 在课堂上不能说话，但要积极发言。（贾良东）

◎ 回答问题的语句要精练，不要长篇大论。（王一涛）

◎ 发言之前要先好好思考如何组织语言，三思而后行。（卢乃嫣）

◎ 当同学发言有困难时，可以稍做等待，不要急于抢夺发言权。（陆启恒）

◎ 写作时先架构后落笔，这样速度比较快。（陈轶瑶）

有课外、课后礼仪层面的：

◎ 在教室外要安静，以免吵到别人上课。（沈畅）

◎ 借的书籍一定要及时归还。（沈郑浩）

◎ 学会快乐。这里每个人都阳光向上、健康快乐，在笑声中学习，在笑声中成长。（钟爱）

◎ 下课后，当老师对大家鞠躬、说"谢谢大家"时，你也要鞠躬，并且说"谢谢老师"。（余哲诚）

◎ 课后应把椅子归位。（马倩宜）

◎ 下课离开教室时要有序，并且要跟老师说再见。（钱烁菡、李雨婷）

◎ 如果放学时书包比来的时候轻很多，就要马上返回教室查看。（王瑞）

◎ 及时关注老师微信，及时查看微信群信息，这样便于完成课后拓展作业。（周瑞鹏）

后来，当大家回顾这个秋天上过的课时，都对这节课的印象很深刻，觉得这节课"特别实用"。不少学生在没有任何辅助材料的情况下，凭着一次上过的课，就记住了如何避开毒蛇、电梯被困该如何求救等方法。他们之所以能做到这一点，正是因为这节课本身对语言层面的挖掘。

◎ 我知道了生存的必需品包括食物、火、避难所、水、导航和药物。把它们按照一定顺序排列，取各自首字母，就形成了"PLAN"，这是性命攸关的"计划"。除了使用"首字母记忆法"来记住信息外，我们还应该做一个紧急逃生包。（徐一艺）

◎ 我认为"生存自救"是这个秋季课程中最有意义的一课。因为这堂课让我知道了"可执行文本"的特点就是使用命令式语句，"是"和"不"的界限必须很清楚，要怎样、不要怎样，也必须讲得明明白白，而且要先说正面的、肯定的信息，使用"不"的时候，必须把后果的严重性指出来。"可执行文本"让我感到自己的生命力突飞猛进，生存能力爆表。（梁思远）

让我唏嘘、感慨的是郑佳烨同学的课程回顾，她说："我们还学习了如何应对意外。无论你在什么地方，你都可以使用 PLAN 这一方法。但是，有人即便有很多条件可以活下去，却仍然最终选择了自杀，就是因为他缺少了生存最最重要的因素 —— 勇气。再多的食物、水、药品，也无法让一个失去勇气的人活下去。"

说明文的学习，一直是基础教育阶段中的热点，其中一个重要议题是如何让阅读仅仅围绕语文展开，或者说课堂如何以语文为核心。我的尝试是通过文本细读，让文字在具体情境和特定领域中发挥其特有的表意功能，有效实现信息传递，然后通过情境迁移，让学生模仿语句进行写作。其间最重要的是，教师要放下自己的权威，为学生提供安全的交流环境，建立起合理的交流规则，充分倾听来自学生的声音。不要忘了我们观察、分享、讨论的，只是这个世界的一部分，那些超然的、灵性的东西，往往无法通过教学来传递，而只能在安全而自由的读写过程中被激发、被领悟。

和整个世界站在一起

—— CPC课程里的问题探讨

寒假期间，我为六年级同学设计了"CPC 脱颖而出"课程。CPC 是 Communication（沟通）、Public Speaking（公共演讲）和 Culture（文化）的英文首字母缩写，课程的宗旨是引导孩子经由语言通向他人、走向外部，和整个世界站在一起。

和越读馆以往以"经典阅读"为主的课程不同，这个面向六年级下学期学生的面试课程，是为了帮助学生通过交谈来建立起美好的人际关系。

初次见面谈什么？怎样提问才能得到正确的信息？在练习说话之前，大家先开动脑筋，设计问题。学生们扮演提问教师，对"新生"抛出一个个经过精心设计的问题，然后解释这些问题的设计目的，从被动的应答者变为主动的提问者。在讨论中，隐私问题首先被排除，因为要分清人我界线；其次是政治问题要避免。而兴趣爱好、课外阅读、亲子关系和自我管理经验等话题，则受到了大家的推崇。

有的问题侧重生活，从细节上考察生活能力，如：

"如果你的一只装有许多现金和卡的钱包被偷了，请问你会怎样做？会去哪些地方解决哪些问题？这个问题考验学生在遇到困难时的心态和反应能力。"

"请问你在购买物品时会不会比价、还价？这个问题可以了解学生对钱的态度，以及是否有节约意识。"

而有些问题则是对家庭环境的关注，如：

"你父母是做什么工作的？他们有什么爱好？这两个问题考查学生有没有一个良好的学习环境，以及能不能在父母引导下去做正确的事情。"

在七嘴八舌说自己父母的爱好时，孩子们也常透露出对父母的期待：陪伴、交谈，一起去看这个世界的各个角落。当有的孩子说自己的父母爱好旅游，一家三口至今已经一起走过十三个国家时，惊叹和羡慕声此起彼伏。

当然，更多的问题集中在学习方面。

"你喜欢什么样的老师来教你？这个问题能测量学生心中的好老师标准，是希望慈祥还是希望严厉。"

"你在学习的时候是追求过程还是追求结果？通过这个问题，可以判断出学生对学习的态度，是追求学习感觉还是只求答案、应付老师。"

"你平时遇到学习困难时是怎么办的？是置之不理还是努力探求？这个问题考验学生是否乐观，以及在遇到问题时，是否乐于探究。"

学生被分成若干组，每天都有一组学生做自我介绍的演讲，每轮都会提高要求、增加环节。另一些学生则扮演考官、评论员的角色，对上场演讲者进行点评。

由于在一般的学校中，班级的人数较多，因此学生交谈能力很难得到训练，他们甚至都无法发现自己存在的不足。现在，在一次次的问题设计中，他们发现可以找到很多与人交谈的话题，可以发起很多次谈话；在一次次的练习中，他们逐渐将自己的手脚和眼神训练得很"听话"，让全身都来帮助自己抓住听众的心，使自己的发言内容能更好地被接受；在一次次的头脑风暴中，他们锻炼了自己的口头表达能力，使表述更加精练、准确，让创意在最短的时间内被他人领会。

这课程也是一次他们对自我的探索。

进入青春期，孩子小小的生命在迅速成熟的同时，也将迎来生命中的暴风骤雨。他们要将生命的航船驶入父母触不可及的狂野海洋。比惊涛骇浪更为汹涌的，则是他们内心所爆发出来的力量。"我是谁""我往何处去""我的价值何在""我的动力来自何方"等问题渐渐浮现，成为终其一生追寻答案的问题。

因此，这样的面试课程，既面向他人，更面向自我。

在成为"你眼中的我"之前，我们要先找到"我眼中的我"。

每天的头脑风暴中，孩子们被问题激活，不断地探索自我、思考自我，也越来越勇敢地肯定自己、接纳自己。

在兴趣分享中，孩子们发现，在看似不重要的兴趣爱好中，自己的生命被塑造、锤炼得日臻美好。一个叫赵馨玉的女生这样介绍她的兴趣爱好。

从九岁开始，我就不再是"两天游泳，三天晒泳衣"了，几乎每个暑假，我都有一半的下午时间在水里泡着。

泳池是一个宁静的思考场所，在这里，杂乱的东西会消失，而需要思考的问题却会在脑袋中放大、再放大。这时的我会坐在池底，或者潜游，或者时不时上来呼吸。

一个人在泳池时，最妙的感觉就是像海豚一样游着，从水下观赏水面上阳光带来的梦幻色彩，感受着手拍打水面后留下的水泡给脸带来的麻酥酥的抚摸感。今年寒假，我还想尝试冬泳呢！妈妈调侃我："我们家出来一只想冬泳的海豚，哎，什么季节都挡不住！"

游泳不仅是我一个人的运动，也是我与朋友们共同的快乐游戏。我们最喜欢做的游戏是在深水区"扔和捡"衣帽柜的磁卡手环，这不但让我潜得更深、更久，而且还让我增加了肺活量。有一次，我还帮表姐捡起了落在水中的手表，表姐很佩服我的"功力"。

通过对自己兴趣爱好的回顾，孩子们探索自身个性、能力的形成过程，并发现了另一个自己。

最后一天，大家一起聆听马拉拉的演讲。

对孩子们来说，这位史上最年轻的诺贝尔和平奖得主、身处异乡的巴勒斯坦少女离他们实在有点儿遥远。而马拉拉冒死不放弃的目标——推动女性受教育——则离大家更为遥远了。他们欣赏她的勇敢，赞叹她的坚强，但不知道她的事业究竟与他们有何关联。

于是，我抛出问题："马拉拉的工作跟你有关吗？"

先请女生回答。几乎毫无例外，女生们都给出了肯定的回答。

然后请男生回答。胆大的嚷道："没有！她是女的，我是男的！"大家笑了起来，不少男生跟着点头。

"除了这点，还有没有别的原因让你觉得她的工作与自己无关？"我要让他们有充分的发言空间，在安全的环境里，发表自己真实的想法。几个男生彼此讨论了下，然后表示就是这个原因，没有别的。

的确，性别是比种族、肤色、血缘乃至文化更隐蔽也更幽深的鸿沟，它可以轻而易举地将人群割裂开来，让"共情"变得极为艰难。但对于六年级的孩子来说，我们需要以非常温柔的方式引导他们独立思考，让信息在流动和碰撞中成为点亮心灵的引线。所以，我没有直接回应，而是转向了有不同意见的其他男生。

第一个男生犹豫地说："我觉得，女孩儿跟男孩儿一样，都应该受教育。"说完，有些忐忑地看着我。这时他的同桌举起了手："不管女的男的，都是人，是人就应该受教育。"这位男生的口气坚定了很多。刚才持否定意见的男生们彼此看了看，传递着眼色。

"你的妈妈有没有受过教育？"我要把问题从形而上的高度上拉下来，让它贴近生活，与孩子们的经验接轨。

"有。"这次全班的回答都一样。要感谢百年前推动女性教育的先驱们，他们用奋不顾身的拼搏和胼手胝足的努力带来了这弥足珍贵的现实。

"如果你的妈妈没有受过教育……"我的问题还没说完，孩子们就喧哗开了，表示完全不能接受这一假设。

在一片不满的抗议声中，有个孩子把手举了起来。"我的奶奶就没有读过书，不识字。她跟我们在一起时，很不方便，很多事情都不能自己去做，手机除了打电话别的都不会用。"他的发言引来了同学们的惋惜和感慨。

"如果女生不能受教育，以后我要是结婚的话就会很麻烦。"哈，现在就想结婚这种事！这位学生"恬不知耻"的发言让大家嘘声一片，可嘘完之后，有几个男孩趴在了桌面，仿佛受到了重压。嗯，差不多了，他们已经感受到了这个问题的真实性和迫切性。

"当我们还在讨论女生受教育是否跟男生有关时，有一个群体已经采取了行动。"孩子们坐直身体，想知道这些人究竟是谁，他们做了什么。

"'塔利班往我的左额开枪'，塔利班是谁？"

"是恐怖组织！"

"你怎么知道塔利班不是一个人，而是个组织？"

"'他们以为子弹将会让我们沉默'，'他们'说明塔利班不是一个人，而是很多人。"

"文中说'我希望塔利班、所有恐怖分子和极端分子的儿女都能受教育'，'塔利班'都是'恐怖分子'，'恐怖分子'都是'极端分子'，这里的三个词语是有关联的。"一位平时爱阅读、爱写作的孩子说。

"恐怖分子大部分是男的。"另一位孩子补充道。

"恐怖分子埋伏并暗杀了一位小女孩，他们为什么要这样做？"强调双方的悬殊身份，能将矛盾聚焦。

"他们怕了。"孩子们说。

"一位小女孩有什么可怕的？"我追问。

"因为她要女孩儿们都受教育，这让恐怖分子感到害怕。"

"你是说，女孩儿受教育会威胁到恐怖分子？"我继续追问。

"是的，要是女孩儿受教育了，恐怖分子就……"大家脑洞大开，想象女童教育的普及对恐怖主义造成的威胁。

"好，那我们再做一次选择。你觉得女童教育和自己有关吗？"回到最初的问题。但这次，几乎所有的男生都举起了手。在他们举起的手里，我看见他们与远方的连接，看见人与人之间的团结，看见同情心、同理心在他们心里的生长。

如何跟小学生谈死亡
—— 生命教育中的难题

有一次，一位宁波老师，同时也是一位微博大 V，给五年级的学生布置了一篇主题为"逝者"的假期作文。一个学生写了自己的猫，写得很是细腻动人。然而，这样的做法是否合适？这样的作文主题，会不会给孩子带来额外的压力和焦虑？我的这一质疑遭到了该微博粉丝们的攻击，除了"戏真多""智障"之类的冷嘲热讽和人身攻击外，他们说得最多的就是"死亡教育很重要""我很小就经历亲人过世，也没咋的啊"等。后来我跟这位老师通过私信交流，了解到了更多情况，发现自己是过虑了，但"死亡教育"这个话题依然萦绕在心。

死生亦大矣！越读馆是怎么跟小学生谈死亡的呢？

一、死亡，就意味着死亡教育吗

首先要澄清的是，死亡不等于死亡教育。作为客观事件，死亡随时随地都有可能发生。但死亡本身并不带来"教育"—— 生命的成长。

某种程度上说，越是死亡频繁的地方，死亡教育往往就越匮乏。人们必须用隔膜、冷漠来麻木自己，从而让自己在潮涌般纷至沓来的丧钟里不动声色地站立。一旦敞开心门，与亡者建立关系，自我就会被撕开一个洞。因为，一个岛屿的沉没，往往意味着整片大陆丧失了局部。

事实上，成年人自己也未必能完成死亡的自我教育，往往越老就越难以直面死亡。中国传统文化对死亡采取的策略是回避 —— 事死如事生。纸人、纸物、纸车和纸钱，燃烧的不是纸张，而是死亡降临后的虚空：用现世建构往生，用假想承托虚无。一年到头初一十五不断地祭祖祭祖再祭祖，也正是想竭力从生命的灰烬里寻求暖意。

死再多的人，经历再多的死亡，都不会带来死亡教育 —— 因为教育指向的，是生命。

二、孩子怎样面对死亡

如果是关系亲密的亲友去世，孩子会遭受重击，因无法处理巨大的痛楚而陷入沉默、与人隔绝，甚至否认亲友亡故的事实。像获纽伯瑞儿童文学奖金奖的小说《通往特雷比西亚的桥》中，莱斯莉去世后，杰西随父母去参加她的葬礼，但他却没有流一滴眼泪。他拒绝接受莱斯莉的死，并封存了那一天的记忆，仿佛她还活着 —— 随着重要人物的死亡而形成的自我坍塌，造成了他内心无法填补的深渊，所以他用否定来抗拒死亡。更常见的否定，则表现为愤怒和攻击。那些经历过丧亡之痛的人，未必已经安然渡过死亡之河。亲密关系中的失丧之痛，需要在亲密关系中，在完全接纳、在创造性活动中获得治愈。

三、唯有爱比死亡更坚强

如果是关系一般的人离去，孩子也需要有人陪伴，因为他会有惶恐、疑惑和不安，并会把更多的困扰默默地藏在心底。常常令成年人感到迷惑甚至尴尬的现象是：孩子在祖辈的葬礼中，并没有悲痛欲绝的表现。当家中亲人亡故，各路人马从不同地方赶来，围绕死者汇集、交流和碰撞时，孩子会以半隐身的状态置身于成人的世界，观察他们如何处理彼此的关系和情感。杨德昌导演的影片《一一》就围绕外婆从中风、昏迷到死亡、安葬这一过程，表现了一家人关系的亲疏变化。外孙一一拿着照相机，远远地观察和记录了他们的背影。

即便是非人类的好友离去，孩子也需要跟人分享他内心的感受。因为他虽然有力量承受一些从未有过的感觉和体会，但缺少表达的技巧。像前文所述案例中的小学生，就是用写作来纪念自己去世的猫咪的。在这种情况下，家人一起为孩子亡故的宠物举行小小的悼念、安葬仪式，一起翻看小宠物的照片，分享对小宠物的记忆，是很有必要的。如影片《马利和我》中，爸爸亲自安葬马利，妈妈摘下自己的项链留给马利，父母让每个孩子给马利写一封信，表达对马利的感谢。这样的分享也可以代际传承。《忠犬八公》中，外孙是从外婆那里听说外公和八公的故事的，然而八公仍以其忠诚成为孩子心中的英雄。

八公最后离世的场景，就是真正的死亡教育：它在地上坚守到生命的最后一刻，而外公则在天上耐心地等待着这一刻的来临。涩谷车站那最后一趟列车，载着生命中闪闪发光的记忆走向了永恒。而在这天国列车到达之前，你不能主动放弃、退出，只能等待死亡的降临。

四、怎样对孩子开展死亡教育

正因为死亡教育的重要性，我们在面向儿童开展死亡教育时，要非常注意个体的精神发展状态，以温和而充满想象的方式，渐进推进，避免太急太快从而妨碍儿童自我的形成和发展，以至于使他们失去自己的语言。

合宜的死亡教育首先需要的是安全，让孩子以自我为圆心，由外而内，由远及近，成为安全的观察者：植物 —— 动物 —— 宠物 —— 他人 —— 祖先 —— 远亲。

其次是活动，要以阅读、游戏、表演、访谈、绘画、写作以及讨论等多种形式帮助孩子建立起观察和体验的平台。

再次是主题，适合儿童心理的主题能激发他们的兴趣和动力，要以聚焦的力量和巧妙的切口，帮助孩子揭开遮蔽的盖子，发掘更深的真实。

但是，当涉及切身的亲密关系的失丧时，我们必须非常谨慎，不应让孩子暴露在众人眼中。深度的触摸最好能控制在一对一的关系中，或者在可以彼此信任、完全保密的范围内。

五、另一条路

以"逝者"为主题让小学生写作文，对一般的孩子来说未必合适，因为这会引起他们内心的厌恶。

首先，"逝者"这个词语本身过于成人化和文人化，带着追终慎远的思故幽情，与儿童在情感上难以交接。儿童得费力揣摩题意才能有所领会。像绘本《爷爷变成了幽灵》就采用了儿童的视角，用儿童的眼睛去看，用儿童的心去体会，用儿童的语言去表达。

其次，现在的小学生一般较少遇到亲友亡故事件，写作这样的题材会产生无话可说的困扰。如果不是至亲离世，孩子在葬礼、扫墓时会常处于疏离状态；如果是至亲离世，而孩子尚未积蓄起自我表达的力量，他也会躲避这个主题。因此，我们可以用含蓄的方式来表达死亡的降临，就像在《奥菲利娅的影子剧院》中那样，死亡以"被人拒绝的大黑影子"出现，成为奥菲利娅收留的诸多影子之一。

如果清明节非要写一篇跟逝者有关的文章，我会怎么要求学生？

我会要求孩子们在家庭扫墓活动结束后，采访父母中的一方，听那"逝者"的故事。从死亡的目击者转为听闻者，会大大缓冲死亡带来的震动；而由血脉建立的连接，又足以让一个人内心的震动传递到另一个人的心里。

其中，口述至少要包括三件事情，因为口述的速度快，更注重事件发展的经过，倾听者能够抓住的，往往只是事件本身，所以每件事的容量会比较小。

另外，在每件事情的叙述中要插入父亲或母亲的神态和动作。在"倾听"的同时，也要"看"。多感官同时参与观察，会让语言信息变得丰富、立体。

最后，以墓地周围的景物描写结束。这既是对人事无常而自然永恒的回应，也像一个拉伸的镜头，拉开了孩子与死亡事件的距离。清明时节的万物生长，能给人提供积极的心理暗示，绵绵春雨亦可寄托无尽念想。"亲戚或余悲，他人亦已歌。死去何所道，托体同山阿。"

死生亦大矣，在进行死亡教育之前，你有没有问过自己：你的生死观真的对吗？万一你错了呢？

紧箍咒的秘密
——基于《西游记》的研究性学习

《西游记》的内容博大恢宏，语言通俗活泼又充满趣味。唐僧师徒四人历经九九八十一难终成正果的西天取经故事可谓家喻户晓。但大多数人是通过影视作品、连环画、改编故事乃至评书、戏剧等方式来了解其中的内容的。而作为文学作品的《西游记》所包含的深度信息及其中旨趣反往往被人忽略，非常可惜。

在选择本课切入点时，我锁定了紧箍咒这个不起眼的小法术。

十来岁的少年都对上天入地、无所不能的孙悟空一见倾心。这石猴子简直就是他们梦中的自我。每当紧箍咒响起，孙悟空满地打滚，孩子们便个个揪心，个个心疼，并对唐僧腹诽不已：为什么要用紧箍咒限制孙悟空？这样一个能牵动幼小心肠的法术，便成了深度阅读的有效杠杆。

于是，一群刚刚告别五年级的孩子开始阅读《西游记》第十四回原文，并用各自的十八般武艺来解读紧箍咒的秘密。课上课下，他们如八仙过海，各显神通，通过自己的思想和创意，使阅读成为一场发现之旅，有趣又有料。

我将《西游记》中涉及紧箍咒的章节打印成讲义，学生每人一份。

在发下讲义之前，学生们先进行一轮头脑风暴：你知道孙悟空的哪些秘密？

2分钟之后，每位学生都有一次发言，老师记录下了相关的关键词。

在发言的过程中，每个人所拥有的信息被其他人分享到，大家非常快速地建构起了一个天生地养、自由自在、能量无限、顽皮幽默的孙悟空形象。在孙悟空活泼的生命中，自然也出现了五百年的牢狱之灾（被压五指山），以及如影随形、挥之不去的——紧箍咒！

这样就很自然地推出了下一个问题：为什么唐僧要用紧箍咒限制孙悟空，让他头痛不已？

在短暂的小组讨论中，大家因为记忆散碎而意见纷呈。于是，我们回到文本，当堂阅读《西游记》第十四回的相关原文。

一、先解决最表层的问题

为什么需要紧箍咒？

这个问题很简单，学生很快就从文中找到了相关线索。

荒郊野外，孙悟空打死了六个打劫的毛贼，引起唐僧的不满。但孙悟空生性自由，唐僧无力管束。这样一来，他就没法完成西行取经的任务了。所以必须有一样法宝来约束孙悟空，让他服从唐僧的管教。

那么，唐僧能怎么办？

有的说，让如来佛来管教孙悟空。

有的说，不如让孙悟空一个人去取经，反正他一个筋斗云刚好是东土大唐到西天的距离——十万八千里。

还有的说，让唐僧变得武艺高强，比孙悟空更厉害——可那还要孙悟空干吗？有人忍不住反驳道。

另有学生说，能不能让孙悟空学得有感情？这样他就能同情别人了。

这个办法赢得了大家的认可，甚至有人说："那就带个金箍儿，先学'头痛'。"

通常人们认为紧箍咒象征着佛门律法，用来限制孙悟空；其深层隐喻则是信仰使悟空向内修炼以成圣。但学生们从孙悟空的角度来理解紧箍咒，也很有道理，而且非常有爱。

怎么才能让孙悟空戴上约束他的金箍儿呢？

唐僧手无缚鸡之力，甚至连口才也未必有孙悟空那么好，更何况那猴子还会要无赖！我们一起来看看孙悟空戴上金箍儿的情形：

"又见那光艳艳的一领棉布直裰，一顶嵌金花帽，行者道：'这衣帽是东土带来的？'三藏就顺口儿答应道：'是我小时穿戴的。这帽子若戴了，不用教经，就会念经；这衣服若穿了，不用演礼，就会行礼。'行者道：'好师父，把与我穿戴了罢。'三藏道：'只怕长短不一，你若穿得，就穿了罢。'"

学生们一边读，一边用荧光笔做记号，不多时就有了自己的看法。

1. 金箍儿外表华丽，符合孙悟空爱美的个性。谁叫他是美猴王呢？就这么爱臭美！

2. 唐僧满口谎言，说这衣帽能让人不学而会，让厌烦读经的孙悟空充满好奇，非常想要。

3. 唐僧先是故意委婉拒绝，说"只怕长短不一"，然后才勉强答应送给悟空。这使得满心叛逆的孙悟空更加迫不及待地想要得到那件衣帽了。

我把大家说的要点列出来，然后一排序，条理就很清楚了。

看着这几条，学生们摇头叹息，说，唐僧真是老谋深算，孙悟空纯属自讨苦吃啊！

…………

二、怎么处理课堂中随机生成的问题

在研讨师徒冲突时，意外出现了。

"奇怪。"有人嘀咕。

什么事情奇怪？

"这六个人的名字很奇怪。"

好吧，我们一起来念一下这些名字：眼看喜，耳听怒，鼻嗅爱，舌尝思，意见欲，身本忧。

这哪里是人的名字啊？

这不就是五官吗？

一阵叽叽喳喳的讨论后，大家开始总结。

第一个字都是人的感觉器官。

第二个字是这个器官的工作。

第三个字则是感觉带来的情感。

这样的话，打死这六个毛贼就是斩断肉体感官对情感的控制。为什么孙悟空和唐僧对待他们的态度如此不同？

"因为孙悟空是从石头里蹦出来的！他没有这些情感，也理解不了人的痛苦。"有学生说。

"就是啊，他在太上老君的炼丹炉里都不觉得痛。"有人附和。

"唐僧是人，他懂得人的情感，但他没有办法让孙悟空体会到这些。"有人从唐僧的角度考虑。

唐僧对孙悟空晓之以理、动之以情，可啰唆了一大堆，还是没法让孙悟空体会到人被肉身捆绑的痛苦，他们之间没法沟通，所以需要用紧箍咒来让孙悟空体会作为肉体凡胎的"动弹不得"。

对课堂上即时生成的问题，答案本身未必是最重要的，重要的是，教师敏感地捕捉到了其中可供细读的文本，并带领学生专注于文字所传递出来的信息。在这个环节上师生投入得越深，他们转换课堂随机问题的空间也就越大。而且，当学生一次又一次地经历过从文本中吮吸养料的喜悦后，他们会越来越产生对文字本身的兴趣和乐趣。

三、用什么启发思考

通过对第十四回原文的阅读，孩子们对情节和人物都有了新的认识，可怎样才能让他们用自己的头脑思考，用自己的脚走路呢？我把他们放在文字信息里面，让他们自己去发现冲突，发现奇妙。

在这节课的后阶段，我发下了《西游记》中有关紧箍咒的其他原文，要求学生在阅读之后，围绕"紧箍咒的秘密"提出问题，可以是发现之问，也可以是未解之谜，然后在四人小组中讨论，并以关键词的方式记录同伴的发言和自己的想法。

"为什么叫紧箍咒？"

"紧箍咒是头箍还是咒语？"

"紧箍咒从哪里来？"

"紧箍咒是怎么消失的？"

"紧箍咒有什么功能？"

"紧箍咒象征着什么？"

"紧箍咒让师徒沟通成功了吗？"

"紧箍咒让孙悟空变得有感情了吗？"

"紧箍咒把孙悟空弄哭了几次？"

"紧箍咒怎样影响唐僧和孙悟空的师徒关系？"

"八戒和沙僧眼中的紧箍咒有什么不同？"

"唐僧在哪些时候念了紧箍咒？"

"唐僧最后一次念紧箍咒是在什么时候？"

…………

学生们有的胸有成竹、两眼放光，有的面红耳赤、挥舞双手，有的神情凝重、眉间微蹙。教室里，问题一个接着一个冒出来，彼此拉扯、撞击，并在那里闪闪发光。

四、枕一个疑团入睡

马上就要下课了。我要求学生在离开教室之前，选定一个问题，晚上好好思考，并将它完美地解决。更重要的是，要思考怎样用文字让别人了解自己的思考过程。

第二天上课时，跟学生约定好基本的写作格式后，我发下稿纸，让他们开始 40 分钟的当堂写作。学生从各自感兴趣的点出发，探索全文，然后用提问、统计、排序等方式完成了他们的写作。

从他们的作品中可以看出，他们读懂了原文，并且很有条理地将自己的"九连环"解给别人看。岑彦乐同学经过认真分析，得出结论："统计整本《西游记》，我发现唐僧念了 50 多次紧箍咒。其中大多是因为悟空杀生或杀掉了故意扮成人的妖怪而念的，还有三次是在八戒的鼓动之下念的。而其中唐僧最生气的，当数在第五十七回 —— '真行者落伽山诉苦　假猴王水帘洞誊文'"。

附：学生作品

紧箍咒，唐僧共念了几次

谢子潇

大家知道，《西游记》中，在去西天的漫漫征途中，师徒之间难免会发生冲突。那么，手无缚鸡之力的唐僧用什么办法来约束无所不能的孙悟空呢？答案很简单，就是用紧箍咒。从整个故事来看，唐僧到底对孙悟空念了多少次紧箍咒呢？

对这个问题，大家议论纷纷：有人说是三次，有人说是四次，还有人说是五次……到底是多少次呢？我们到文中去寻找答案吧！

唐僧第一次念紧箍咒，是在第二十七回。他听了猪八戒的话，对悟空使用了紧箍咒。第二次，也是在第二十七回。孙悟空认出了白骨精，于是拿起金箍棒去打。没想到，狡猾的妖怪脱了真身，留下了假尸首。唐僧以为悟空打死了一个人，便二话不说，对他使用了紧箍咒。第三次是在第三十八回，八戒说只要对悟空用咒，就能救活一人。于是唐僧又念了咒语。第四次，在第三十九回。文中说："那长老信邪风，又念《紧箍儿咒》，慌得行者满口招承道：阳世间医罢！阳世间医罢！"第五次，在第五十六回。文中说："那长老在地下正了性，心中念起《紧箍儿咒》来，把个行者勒得耳红面赤，眼胀头昏，在地下打滚。"最后一次，是在第五十七回。原文说："唐僧见了，更不答应，兜住马，即念《紧箍儿咒》，颠来倒去，又念有二十余遍，把大圣咒倒在地，箍儿陷在肉里有一寸来深浅。"

根据以上材料，我认为，在《西游记》中，唐僧共对孙悟空念了六次紧箍咒。他对悟空使用紧箍咒，大多是因为他心地善良，又很容易相信别人、听从别人的意见。

唐僧为何念紧箍咒

项奕洲

菩萨对孙悟空说："唐三藏奉旨投西，一心要秉善为僧，决不轻伤性命。似你有无量神通，何苦打死许多草寇！草寇虽是不良，到底是个人身，不该打死，比那妖禽怪兽、鬼魅精魔不同。那个打死，是你的功绩；这人身打死，还是你的不仁。但祛退散，自然救了你师父，据我公论，还是你的不善。"

菩萨倒也看得透彻，但唐僧肉眼凡胎，虽是一心向善，哪里分得清妖魔与人？因此闹出了许多不和之事。孙悟空行事过激，而且神通广大，一棍下去，连天王宝殿都要震一震，不用说会死几个人了。唐僧看不下去了，红孩儿、白骨精，救下了好几次。他连人参果都不敢吃，何况看悟空杀生呢？

先拿白骨精来说吧。孙悟空打死了个"人"，唐僧一气之下，一纸贬书，就把孙悟空赶回老家去了。话说孙悟空，跟着唐僧没有功劳也有苦劳啊，好歹也为他收了八戒、沙僧，除掉了许多妖怪。孙大圣生性浪荡，唐僧也知道，他心善，本来只是用紧箍咒唬唬人的，可这次为何反反复复地要念好几遍呢？原因就在于孙悟空打死的是人，唐僧认不出来是妖怪，心想佛门教义就是一个"善"字，老虎、狮子都能被教化，你怎么可以杀人呢？

再说山贼、草寇。孙悟空意图也是对的啊，这些人居心不良，该杀，可是上面说过了，唐僧不允许。你可以让人家泪流满面、重新做人嘛！唐僧想的应该是：你若是杀些飞禽猛兽也就罢了，草寇虽是不良，到底是个人身，不该打死。这句话菩萨也说过。如此可见，唐僧的标准是不许杀人，连碰伤也不行。

其实，唐僧连形似人样的人参果也不愿意碰，徒弟吃了人参果，他就要去管教。他的理念是：只要是有关人的，我们都可以去感化，这就叫普度众生。

老师一来

当学生的自我真正苏醒过来时，我们就可以在更自由的形式中让他们展现自己、挑战自己，让他们疯长。

—— 野树

想象天堂的模样

　　我在《中学语文报》做过一年副主编。那年六一儿童节前，杭州少年儿童图书馆就"理想中的图书馆"这一主题面向全市中小学生组织了一次征文活动。我受邀担任小学部评委。

　　当时的稿件不少，我发现孩子们心目中的图书馆具有以下几个特点。

1.安全
　　进入图书馆需要通过证件、指纹、DNA等身份验证，馆内全方位安置监控摄像头，具有超强防盗功能。

2.快速
　　有快速检索系统，自动扫描，十秒钟内完成出仓入库，无须等待；有机器人负责送书，或者有自动三轮车将人送到图书所在位置。

3.舒适
　　馆内有柔软的海绵地板，阅读区有软座、沙发，休息区有按摩椅，还能随时供应零食、饮料。

4.自然
　　仿真造型的图书馆，有做成树状的、电车状的，也有做成蘑菇状的、云朵状的。自然环境优美，馆内馆外遍布绿色植物，空气清新。

5.辅助

自动翻页机帮助翻页；为盲人读者提供可听的书；开放特殊磁波房，即在枕头边放一本书，在睡眠期间，脑电波会自动读书。

这些创意和想法，无不带给我们深深的思考。

首先，孩子们一直有安全上的焦虑。他们担心自己的身份不被认可，担心因不被认可而招致拒绝。他们的不安全感还来自一种隐约的担忧：书是会被偷走的，而偷盗会给自己带来巨大的损失。为之付出代价的，是图书馆的开放性，即所有的知识向所有的人敞开，哪怕你是个坏蛋。他们愿意付出开放的代价，来换取自身身份的认同和清白的认证。

其次，大部分孩子尚未体验过现代图书馆。图书的检索和取放，早已不再是一个问题，而他们仍在为一个已经解决了的问题操心。原因在于，他们中的大多数并没有真正走进过图书馆。校园图书馆，常常成了一种装饰性配置，并未对学生真正开放；社会上的图书馆，也很难真正进入孩子的日常生活。

再次，读书带给孩子的，首先是身体的疲乏和困倦。这种感受是如此强烈，以至于他们尚未开始阅读，就已经在计划如何松弛自己的身体了。如果他们有过被一本书点亮、被一本书滋养的经历，恐怕就不会把舒适当作关注的重点了。

最后，孩子们非常看重图书馆的外部装饰。儿童对形、态的重视在这里得到了体现。他们渴望有一个富有自然气息的环境。在青山绿水、碧海蓝天的环境中，他们会觉得舒适自在；在梦幻般的造型中，他们会感受到童话的真实。

读书是一件需要帮助的事情。不但盲人需要帮助，就是健全人也需要帮助，哪怕是帮你翻翻页也是好的。如果能在睡眠中不费力气地读书，那就更好了。但读书的乐趣，究竟是脑子被装满，还是信息逐渐流入时，我们所做的种种反应？在接纳、对抗、豁然开朗、相助相契的过程中，遥远的灵魂借助书籍和我们发生的那种奇妙关系，促使我们走向更明亮的未来。阅读真正给我们的帮助，也许正如同苏格拉底的"精神助产术"：在虚无之时浇灌，在迟钝之处唤醒，在想当然时激问，在卡顿之处推进……这不正是教育吗？

　　孩子们没有提到的，是那些他们想看却看不到的书，那些他们想知道却求不得的知识，那些围绕阅读所建立起来的互动关系。他们并没有在这次写作中表明他们对这个世界所产生的疑问，也没有袒露他们心灵深处的渴慕。有一位孩子这样写道："没想到机器人居然还会分类！你看，它嘴里不停念叨着：小学生的、中学生的、大学生的……《优秀作文》《获奖作文》《作文一本全》……机器人又放书、又拿书、又分类，简直忙得不亦乐乎。如果是我们人类，肯定要手忙脚乱、叫苦连天了。"

　　孩子们所知道的图书类别，是按照学段来分的；他们所知道的书籍的核心，是"作文"。在学段和作文以外，他不知道还有其他可能的存在，以至于无法产生更多的想象。然而，就是这样的想象，对他们来说，也都是奢侈的。近乎一半的孩子，以"梦醒"为结尾，将想象归入"做梦"，这意味着免责：我只是在说梦话，而不需要为这个梦做些什么。几乎没有一个孩子说，这是我所盼望的，我要为此付出我的努力。过于狭隘的生活，让他们的梦想也变得狭窄、逼仄。这个世界所带来的诸多压力，孩子们都在默默承受。当压力大到一定程度，他们会趋向保守，更愿意舍弃对未知的探索，而追求近处的享受。

　　谁也无法提供给孩子想象力，但我们可以为想象建造一个平台，就像人无法飞翔，却可以建造起飞的跑道。我们需要帮助读者开启真正的阅读，从而使他们不但能看见，还能看透；不但能读到过去，还能读到未来；不但能把握当下，还能心存永恒；不但能拥抱人间，还能触摸天堂。

　　结束阅卷后，也是凑巧，一位我教了大约半年的学生给了我一篇他的自由创作。他关注的不是借阅的手续，不是环境的舒适，也不是阅读的辅助，而是图书馆中的读者，以及由读者构成的生态。他们守护着静谧，和静谧中的洪流。这既源于对阅读的专注，也出自对他人的尊重。这让我想起博尔赫斯的诗句"天堂应该是图书馆的模样"。如果可能，我希望自己的课堂也能成为图书馆的模样，成为天堂的模样。

附：学生作品

图书馆

梁熙博

我走进图书馆，愣了一愣。图书馆中一片寂静，除了取书、翻书和放书，没有一点儿声音。上至白发苍苍的老人，下至刚进小学的孩子，一个个都极缓、极柔地翻看着书，就像对待自己的宝贝一样，唯恐有所损伤。

瞧，那位满头白发的老爷爷，皱着眉头，似乎遇到了什么极难的问题，正绞尽脑汁地在想，但眼中却时不时地闪过一丝笑意；那几个刚戴上红领巾的小朋友，正用手指着书，一个字一个字费力地默读着，偶尔还跟旁边的同学以蚊蝇般的声音说着话；那个戴帽子的大哥哥，正捧着一本《相对论》看着，还时不时低头做一些笔记，脸上偶尔浮现出一丝丝微笑，那恍然大悟的样子，仿佛又攻破了一个难题……一切都是那么安静，似乎连根针掉在地上都会引起轩然大波。在这个世界里，大家都无意识地将分贝压到了最低。偶尔进来一两个在打电话的人，却无人理会，因为书就像磁石一样强烈地吸引着他们。进来的人于是不好意思大声说话，要么竭力压低声音，要么干脆出去。这里有一种无须言语的和谐，从而使图书馆静寂如初，就像一位大度的伟人，无私地奉献着自己的一切。

在这样的环境中，我也捧起一本《山居岁月》，津津有味地读了起来。整个身心瞬间融入了书中。一直读到夕阳西下，才恋恋不舍地放下书。扫视了一眼整个图书室，寂静依旧不变，变的只是书和人，以及每个人所得到的智慧。

缓步离开了可爱的图书馆，愿我永远记得它所教会我的一切。

走进越读馆

又到了越读馆读《南方周末》的时候了。油墨和新闻纸的气息从桌子上丝丝缕缕地浮起，孩子们的眼睛像在迷雾里那样逡巡，沉闷的雷声从很深的云层后炸出，隔着墙壁和窗帘，一次次搅动着教室和天空之间的空气。雷电之后，狂风暴雨在建筑间啸叫穿行，震动、摇撼着窗户。

教室里，学生们全身心地沉浸在阿城的《棋王》之中：天赋奇才和饥饿本能地汇聚到同一个肉体上，对同一个灵魂发力，令其在撕裂的紧绷中痛苦挣扎。文字在他们心中激起的风暴，让窗外的风暴化为虚无。

***

郭老师说，读报和谈论时事是我们生活中不可缺少的一部分。对这份报纸，我们应把更多的时间放在课前，这样到谈论的时候我们才会更有料、更有趣、更有种。郭老师随即宣布发言规则 —— 每个发言者要呈现以下信息：第几版、大致内容、我的看法和评价（我怎么看待这个事情，以及为什么我想评价这个事情）。

***

"你是否认为，在任何情况下，都不应该进行暴力逼供？"郭老师问。学生点头，不少学生也表示赞同。虽然成年人往往会说，等孩子们长大后，他们就会忘记自己曾经反对过暴力并成为暴力的一部分。但是，他们和我不一样。我在"辩证"中不敢坚持任何立场，也不敢持守任何原则，生怕自己不够正确。而他们更愿诚实选择。

发生在挪威的恐怖袭击引发了大家对死刑适用范围的关注。这时，班上的观点开始有些分歧。

"死刑治标不治本。"

"凶手的生命也是宝贵的。"

"爱与宽容才是根本，法律要能体现爱与宽容。"

"少死一个人比多死一个人要好。"

"不要因为一个人违反法律，就改变一直以来我们所秉持的理念和原则。"尽管孩子们有争执，但他们都梦想着慈爱与公义能运行在世间，就如同运行在天上一般。

＊＊＊

卞之琳的"明朝看天下雨今夜落几寸"该如何停顿？郭老师鼓励孩子通过朗读辨别两种断句中的不同语境和意蕴，然后与原诗的开头结合 —— 为什么我要关注天下的雨水？朗读不是秀，而是路 —— 通往语言内部的路。

＊＊＊

"天和天井存在着怎样的关联？"学生问。

"天是与地相对的概念。"

"天是主宰一切的东西。"

"天天表现的是时间。"

"天井是露天的水井 —— 上面是天，下面是井。"

"不，周围很高的楼中间，有一个凹陷下去的空间，那才是天井。"

***

郭老师说，认真写作的好处在于：当你中学毕业的时候，你可以毫无羞愧地将自己写过的作文装订成册，与他人分享。

***

郭老师拿出一个铁罐子："这里面有几百个问题，每人抽一个。"谁也不知道我们会与什么问题相遇。然后他提出要求："思考问题后，试着在稿纸上回答。要先把问题抄一遍。"

学生们紧张、兴奋。

郭老师笑着说："这又不是抽生死签。"不许讨论，每个人都要独立面对自己的问题。然后，他安排小组活动：

1.把自己的观点分享给本组同学，并回答本组同学提出的问题。之后站到讲台前，面向全班同学陈述自己的观点。

2.在他说完之后，全班同学都可以提出问题，但必须由他所在组的同学来回答。

3.讨论时间为 7 分钟。

然后开始讨论那些生命中的难题。

一位女生说自己的看法，说着说着，停了下来，"我要哭了"，然后她就哽咽了。生命里重要的问题，往往伴随着严峻的时刻，以及令人窒息的真实的压力感。

"折断一只蝴蝶的翅膀或拍死一只蟑螂就可以免费去任何地方度假一周，你会做吗？"两位女生都说自己不愿意，因为蝴蝶和蟑螂都是生命，不该杀。一位男生认为度假时间少了一点。另一位男生说，蟑螂可以杀，我不杀别人也会杀。还有一位男生认为拍死蟑螂太不人道，可以用杀虫剂。

"谁可以令你羡慕到愿意放弃自己的生活而过他的生活？"有学生很简洁地说："没有，我喜欢过我自己的生活。"另一个学生说，当她失败和低落的时候，看到别人那么好，就会很羡慕……比如班里的某个人。

"如果你今晚就要孤独地死去，你会告诉别人哪些事情？"一女生说，这两年和父母有些疏远，还没有对他们说"我爱你"，想要尽早对他们说这句话。

"你愿意为你深爱的人搬到和亲友分离的地方去吗？"一女生说，不愿意。随即，一个男生"唉"的一声长叹，大家齐笑。该女生认为人不仅需要爱情，还需要亲情、友情和其他各种情感。老师追问，如果那个人是你丈夫呢？女生还是选择不愿意。

"如果你有一个'职业确定器'，你会用在你孩子身上吗？"一男生说，不会。我只会给孩子建议，不会替他做决定。

"即将和你结婚的恋人遭遇车祸，高位截瘫，你还愿意跟他结婚吗？"一女生说，愿意，肯定的。另一女生说，不愿意，因为我要孩子，而且我可以另找一个人相爱。

各种难题层出不穷，学生们各有各的意见。唯一一个遭到嘲笑的问题是："如果给你一百万美元，让你放弃现在的国籍，永远离开祖国，你愿意吗？"学生说，这个问题，不该是个问题。

上课啦

终于从听课者变成讲课者了。

越读馆在湖畔大厦，骑车过去只要 20 分钟。

昨夜雷雨，今晨凉爽洁净，微风习习。骑车在柏油路上，过桥穿道，水波不惊，连红绿灯都鲜艳得可爱。因为要上课啦！

***

第一天，和孩子们分享"飞天羽衣"主题阅读。在学习了几个文本之后，孩子们乐疯了，他们想出各种各样让人飞起来的办法："放屁黄豆"，长翅膀的"饭团""包子"，日本雨伞，各种药水，围巾丝带……小朋友们的想法太神奇了！

***

刚开学，容易走错门。一个六年级的小朋友走错教室，来听了五年级的语文课。我发现总有哪里不对劲，就问他到底是几年级的。他如实回答。得知走错教室后，他说："老师，就让我在这里听吧！""唉，不行啊，这个时间段，你应该上六年级英语课。"快下课的时候，一个六年级的小朋友悄悄开门进来，他是来上下一节课的，他央求我："我就在这里听吧，我不吵的。"小乖乖，一会儿就给你上课了，着急什么呀？还有个四年级的小朋友，非要到五年级的班里上课，因为他嫌四年级同学"太幼稚"了。

***

和学生分享史怀哲的人生，板书"施比受更为有福"。有学生惊叫："我一直以为是狮子的狮！""狮比兽更为有福"，这很有道理啊！

***

郭老师勉励我："上课要拿出你的激情来。"好，我激情！

傍晚下课后，裘真同学认真地看着我，充满忧虑地问："老师，你为什么这么激动？"

***

读奥巴马上任前写给女儿的信。

有学生问："中国的国家领导人都跟自己的子女说了些什么？"

别的学生说："他们好像都没小孩似的……"

"怎么可能？"

我只好坦言，我不知道。

然后有个孩子说："美国现在债务危机很严重。"

嗯，会给女儿写信的总统也靠不住。

***

上"影子"一课时，用到了绘本《奥菲利娅的影子剧院》。当讲到那些没有人要的影子时，一个女孩儿说："那些影子并不是从外面来的，而是从人心里产生的。只是一般人不肯接受自己的负面情绪，而奥菲利娅却愿意承认自己的心里有这么多糟糕的东西。"又是一次超出预期的精彩发言！还是这个女孩儿，用笔把桌子画脏了。下课后，我把桌子擦干净。她还在走廊上看书，我跟她打了个招呼就走了。后来有些后悔，多好的教育机会啊，应该让她自己把桌子擦干净，然后再肯定她勇于改正错误的。唉，下次一定要注意。她特别喜欢肢体接触。上课前，我会找机会抱抱她，让她得到满足，这样就可以换来她一个小时的安静和专心。孩子在某些方面的需求如果得不到满足，其内在的饥渴会影响其学习的专注程度，教师应当发现孩子内在的需求，并适当满足他们。

***

有些沉静的孩子，常常得不到教师的关注。教师应发现他们的特点，定睛观看他们，有时哪怕是简单的注视，也会让他们得到满足。对小学的孩子来说，这样的注目凝视，是一份来之不易的礼物。

***

课间休息的时候，有个叫黄月亮的女生总喜欢上来摸我、抱我，怎么办？上课时经过她那里，她也要戳戳我、碰碰我。我很抓狂，怎么办啊？

一天下课后，我在擦黑板。她一个劲儿地问："老师，你多重？"多么伤自尊的问题啊，我尴尬地笑笑。过了一会儿，我收拾东西要走了，她见我要出门，又问："老师，你多重？"眼看躲不过，我只好老实地说："一百多斤吧……"

话音未落，我就被她一把抱起，然后放下。她扬着下巴得意地看着我。我以为多尴尬、多隐私的事情，在她那里只是个人形秤砣而已。小姑娘为自己的巨大力量而自豪，为自己的成长而骄傲，她多么喜欢自己！

感恩节，英语老师准备了很有趣的活动。参加完英语沙龙再来上语文课的孩子们，明显要比平常兴奋很多。黄月亮控制不住自己，飙起了高音。其实，这个爱尖叫、随身携带"大规模杀伤性武器"的家伙，这个秋季已经越来越能自控了。某次课后，我夸她进步了。她幽幽地跟我解释："妈妈说，要是我不乖，就不让我来越读馆了。"她在感恩节活动里得到了一块奶酪蛋糕，小心翼翼地装进跟老师讨来的蛋糕盒，要我当着她的面吃下。我这铁石心肠，真有点儿小感动。她一副女侠风范，四处打抱不平。在学校里，有个男生很拽，吃饭时插队。她告诉对方不可以，对方不搭理，于是她就把他挤出队伍。那个男生情急之下，拿空饭盆砸她的脑袋，砸出了一个大包。回家后，老爹心疼，说，以后打回来！月亮愤然曰："有你这么当爹的吗？"

她终于长大了，忍住没摸我。她爱发言，拼命举手。作为教师，我必须让每位学生都有发言的机会。结果，她忍无可忍，威胁我："你再不叫我，我就挠你痒痒！"然后在作文里复仇，"用我的姓给她未来的孩子起名，叫黄蓓蓓"，还说这孩子要"像童蓓蓓一样的笨，一样的开朗、热情"……教师难当。

***

最后一节课，我彻底失声，但居然顺利地把课上完了。课前，我将所有可能发出的指令都制作成了幻灯片，通过幻灯片来传达信息。孩子们异常安静，留出了足够多的空间，让我从容地呈现信息。阅读、讨论、观影、畅谈，不知不觉，课就上完了。

看门道

—— 听小狐老师上课

唐泽霞

小狐就是童蓓蓓。

印象中的小狐，很前卫，很时尚，有一些张扬，甚至有一点儿睥睨天下的味道。可当她的板寸头、大白 T 恤出现在我面前时，我还是给愣住了。她倒是没有多说话，也不来客套，像是熟人般爽快干脆："没关系，坐在教室后面听就行。"

直接上课。六年级学生，大约 23 人，整本书阅读分享。小狐宣布发言规则，要求学生轮流上台，针对课前布置的问题进行观点陈述。

第一个学生上台，说得有些随意。小狐一点点儿地指导他，比如速度要快一点儿，不要慢腾腾，否则会耽误时间，等等。指导得非常细致，甚至包括一些手势语的使用。说完后，她邀请其他同学补充。轮到第二个学生时，情况就明显好一些。

刚开始，学生显然没有进入状态：有忘带资料的，有没来得及准备问题的……小狐并没有纠结于此，她很快就将学生带入到阅读主题的轨道上来。在不知不觉间，学生开始活跃，课堂迅速顺畅起来，并渐入佳境。

学生上台分享，下面的同学评论、补充；

学生针对小说提出自己独特的问题；

为这本书撰写推荐文案；

观看电影，从视觉的角度重新发现书中的信息。

…………

这些设计都很有创意，但又似乎没有什么特别之处。

令我颇受冲击的，是小狐在课堂上的状态以及她与学生的关系。课堂上的状况瞬息万变，在教师设定的目标与学生实际的表现之间，总是有着各种各样的差异。当课堂出现短暂的凝滞，甚至有意料之外的情况发生时，小狐都能迅速做出反应，并以出人意料的方式扭转局势。

在学生学习和理解的过程中，小狐往往只是稍加点拨、稍加引导，而没有将自己的个人观点介入其中。课堂上，学生的交流与分享十分真实、自然，他们的发言中也常有真知灼见 —— 这样的课堂，真正地激发了孩子。

一、重视规则

上课伊始，小狐宣布发言规则，有一个学生插嘴道："我可不可以不这样？"小狐当即否定。粗看老师有点不耐烦。后来小狐解释说，之前已经把规则说得非常清楚了，而这个孩子惯于探底越界，因此老师的断然拒绝是划清界限。规则形成之初，需要强硬；而当大家在实施过程中感受到规则带来的好处后，就可以宽松一些了。必要的规则其实能保证更大的自由 —— 从原先的被遵守慢慢演变成一种习惯。所以回过头看，老师看似粗暴的回应，实际上是给所有学生做了一个警戒：你要是没有听清楚，或者你听清楚了却故意不遵守，你就要承担后果。后来的课堂，就再没有人就规则提出异议，那个最开始质疑规则的男孩儿，整个课堂都十分活跃，多次参与讨论与分享，表现出色。

二、学会隐藏

交流的环节，在学生还不是很熟悉运用规则的时候，老师非常细致地予以指导；而当他们掌握规则之后，老师就悄然隐退。

首先，学生主动举手，表达自己上台分享的愿望，老师偶尔提醒、激励之前没有发过言的学生。

之后，老师要求发言者在交流时用足够大的声音发言，先谈自己对问题的看法，再邀请其他同学补充。

最后，台上的学生宣布结束对这个问题的探讨。

除了第一位学生略为拘谨外，课堂上十余次交流都非常顺畅。看得出，学生很快就掌握了这套规则，并享受规则带来的好处，课堂也因此变成了学生自由探讨和交流的舞台。

老师在哪里呢？每每学生上台，小狐便会走下讲台，蹲在过道中间，用欣赏的眼光专注地看着台上的学生，并用余光扫视其他学生。偶尔，她会在一些关键的地方进行点拨。而当学生按规则活动时，她就又隐形了。

三、创造安静

如果说之前学生对文本的探讨是众声喧哗，那么接下来的课堂则是空前的安静：小狐拿出手机，按下录音键，学生一个个对着手机说出自己的问题，依次传递。他们先自我介绍"我是谁"，然后提示"翻到多少页"，接下来提出自己的问题，最后以结语结束。

这个环节很有仪式感。

就在手机的一传一递间，学生很默契地遵从了这一行为的规则——拿着手机的手，必须小心翼翼，以免弄出哪怕只是一点点儿的噪音。在清楚明白地说出自己的困惑后，他们将手机安全地放到另一个人摊开的手上，如此延续，无一例外。课堂里，一边是清楚明白的质疑提问，一边是静静的聆听，安静之中有一种严肃和认真。没有声音，就无从倾吐；没有安静，就难以倾听。

四、点燃热情

小狐在课堂里非常高昂，她全身心地投入课堂，也享受着课堂。

学生讨论《记忆传授人》中城邦对待痛苦和对待药物的态度。小狐问："假如我现在正处于癌症的晚期，十分痛苦，你可不可以给我服镇痛的药，舒缓我的痛苦？"有几个孩子故意嚷道："不可以！"小狐又问："如果我现在得了普通的感冒，你可不可以让我麻醉两天？"他们又起哄说："可以！"面对"刁难"，小狐对着听课的我们自嘲道："你们看，这些熊孩子就是爱我，他们这是要爱死我啊！"全班爆笑。等大家安静下来，她又继续说："是的，就是这样，一方面是'爱'，代表着激情；另一方面是极致的痛苦，走向的是'死'。世间生命，无一不在这两种状态之间。"

课堂上的小狐，不时地打着响指提醒学生注意，又不时地上蹿下跳，高兴时就像是学生的哥们，严肃时又仿佛是一个独裁者。

就这样，在师生零距离的课堂上，看似不经意间，老师引领孩子学习并实践了规则的重要性，尝试自由表达、独立思考，鼓励他们大胆质疑、勇敢展现自我……

课后告别时，小狐欲言又止。她说她看到我做了笔记。"我很想知道你听课后的感受，如果方便的话，请如实写下来。我不想听过度赞扬的话，请务必说真心话：这节课到底有哪些不足？哪里存在着问题？"其实，就算她不说，我也一定会写的。

/ 本文作者为湖南省长沙市芙蓉区育英二小教师 /

你看到了什么

野树

认识小狐是因为《读写月报·新教育》。因为之前订阅时出过错，我特意打编辑部的电话确认订阅事宜，就这样认识了她。

2009 年我参加"第一线全国教师高级研修班"，见到了小狐本人，她是主办方成员。那时我好发言，每场必伸手示意，小狐后来好几次看到我都牢牢守住话筒。

后来我在网上乱发议论，小狐就发句："野树，这样不妥吧？"搞得我心里直发毛，赶紧反躬自省哪里又不妥了。这样几次后，我感到小狐总在两眼凶巴巴地瞅着我。

再后来小狐和我约稿，也是一幅凶悍的样子，仿佛石壕吏抓壮丁："这活你可以的！你得把这事办了！少啰里啰唆！"即使甜言蜜语，也透着志在必得的刚强。

直到去越读馆听课，我才看到了不一样的小狐。

一、"你看到了什么"

在课堂上，小狐的攻击力归零。一听到孩子们有趣的发言，她就笑得纯真无邪。随着朗读、问答的展开，空气中弥漫着浪漫和纯真，还不时闪过思想的锋芒。

听她的第一课是《闲情记趣》。当讲到作者常在小草丛杂处蹲着身子，"以丛草为林，以虫蚁为兽，以土砾凸者为丘，凹者为壑"时，小狐拉过一个小朋友，两人趴在地上。

"如果有一天你变小了，"小狐问，"你会看到什么？"

"很多脚。"

"什么脚？"

"人脚、桌子脚、凳子脚。"

"到那时候，我们将不再以脸认人，我们认什么？"

"认脚，认鞋。"

"向远处看，你看到了什么？"

"插座。"

…………

接着，她让另外的小朋友仰躺在地上，或者站在凳子上，或者站在桌子上："你看到了什么？"

小朋友们炸开了锅，乐开了花，兴高采烈地投入这一教学，我和听课的伙伴们则大吃一惊：小狐讲起课来太拼了，大概只有传说中的美国老师才会如此放得开吧？

二、"你在哪里"

正当小朋友们为视角高低变化带来的不同景观兴奋不已的时候，小狐拍了拍掌，然后双臂向前平伸，手掌向下压。只见在不同位置上体验和分享的小朋友们纷纷归回原位，在椅子上坐正，静待教师的下一个指令。

小狐扫视全场后，笑着掰起手指，布置任务。

1. 你在哪里变小？
2. 用至少五个物件来呈现环境。
3. 要出现该环境下的典型活动。
4. 当你变小后，该日常活动将有哪些危险？

小朋友们独立思考片刻后，开始小组分享。大家聊得眉飞色舞，热火朝天：有说拿牙签与跳蚤大战的，有说喂鱼时掉进鱼缸的，有说遇到狗被踩死的，有说被妈妈一屁股坐死的……

小狐在他们中间走动，从这个小组走到那个小组，不时地提出问题。当她发现许多小朋友都以死作为故事结局时，她到教室前面，在白板上增添了一条要求：

5. 不得出现暴力和死亡。

小朋友们哀鸣了一下，又继续"上路"。

当大家讨论得差不多时，小狐布置了第二天的写作任务：

写一个变小的故事，里边至少有三种危险。

下课铃响了。小朋友们收拾好东西，把椅子放回原位，陆续离开。小狐站在门边，快乐地摆着手和每位小朋友说再见。

三、怎样改变

下一个班的小朋友们进了教室。十分钟后，新的一节课开始了。

小狐先检查小朋友们的文具和笔记本是否齐备，并帮助忘带东西的小朋友补齐装备。接着，她在白板上写下"非洲 —— 史怀哲"，然后让小朋友们记录问题。

1. 非洲是一个什么样的地方？
2. 故事记录了史怀哲童年哪几件事？
3. 史怀哲为什么愿意用一生来帮助非洲获得改变？

小狐叫起一位学生，请他复述这些问题。

复述完毕后，扬声器里传出一个台湾腔调浓郁的男声，开始讲述史怀哲的童年故事。

其实，中国人对史怀哲是非常陌生的，比如说我，除了在高二时读过他的《敬畏生命》外，对他几乎一无所知。我们对他的描述往往是"抛下哲学、神学、医学三个博士头衔而到非洲行医"，却没有意识到，他是为了帮助非洲获得改变而努力得到这些学位的。我们会记得他全票获得诺贝尔和平奖，会记得他是演奏巴赫的管风琴顶级大师，却不会想起他奋斗的目标和动力是永恒的上帝。在聆听史怀哲童年故事的过程中，学生们用看小伙伴的眼光来看这位大人物，时空距离在瞬息间被打破，他们还听到了一句闪闪发光的话："施比受更为有福。"

"嗯，狮比兽更为有福。"一位小朋友们肯定地点了点头。

在大家的笑声中，小狐发下《生命的思索：史怀哲自传》的节选材料。小朋友们开始研究史怀哲是如何帮助非洲获得改变的 —— 当然，首先是改变他自己。

上午课程结束。午餐时，我和同伴迫不及待地向小狐提问。

说起学生的成绩，小狐说："我们不应试，对学生的成绩不负责。"随后她就笑了，说："学业上不提高几乎是不可能的，跟健康饮食和锻炼身体一个道理啊。常常阅读经典、思考真问题、操练文字和语言，成绩怎么可能不提高呢？"

关于选择课堂所使用的文本的标准，小狐说，关键是文本要经得起细看，要有儿童趣味，涉及的话题要有价值，而且不能太长……

我们一边听小狐的描述，一边羡慕越读馆的老师们能够独立自主地开发教材，教自己认同的，用自己想用的材料教。同时也很佩服他们。在中国基础教育语文学科极具挑战性的任务 —— 教材改编这个问题上，他们用自己的勇气、智慧，穷觅狂搜，精挑细选，努力编排出配得上孩子的，有趣、有料、有种的儿童教材，构建出迷人的语文课堂。

不过，在我看来，这节课的课堂环节还过于封闭，都是事先设计好的，而且是坚定不移地进行的。教师用自设的问题限制了其他有价值的议题的产生，用确立的话题和活动排斥了课堂的多元性。

比如看完文本后，我就产生了一个疑问：当地人为何把史怀哲看作危险人物？假如我是学生，由于这个问题不在教师的观照和预设范围之内，课堂也没有专门环节让我自由提出，所以我就没有机会表达这一疑惑。课堂自由度的不足，使这类有价值的问题在课堂上无法获得展开并交流的机会。

当然，在学习的初始阶段，以教师为主导设计出极具价值的问题和活动，并以之作为课堂内容的核心和轴心，能提高课堂教学的效率。假以时日，当学生的自我真正苏醒时，我们便可以在更自由的形式中让他们展现自己、挑战自己，让他们疯长。那个时候，课堂会更优秀、更迷人。

/ 本文作者本名王国强，河南省洛阳市嵩县城关一中教师 /

因阅读而得自由

张艺芳　张茵

一、今日的"玉娇龙"

2007 年，《读写月报·新教育》正筹备创刊，急缺得力的编辑，时任主编李玉龙静静盯着"教育在线"这块田，不断爬梳论坛里的内容，顺着精彩的言论，结识有思考的版主。他找到了童蓓蓓。由此，童蓓蓓从一名公立学校教师转行成了一位教育杂志编辑。

《卧虎藏龙》里，李慕白为寻回丢失的青冥剑追踪到玉娇龙，与她过招后，欣赏其天资，有意收其为徒，但没能如愿。现实中，李玉龙从"教育在线"的论坛里发掘有识之士，网上过招后，日日培养，以期搅动教育的江湖。李玉龙正可谓是带着侠气的"李慕白"，而童蓓蓓正是被他收归的"玉娇龙"。

2007 年 2 月，童蓓蓓还在浙江省台州市玉城中学教高中。那时，她闲时就玩玩网游、逛逛凯迪和天涯论坛，有时也看看书。一次偶然的机会，她看到了郭初阳的《言说抵抗沉默：郭初阳课堂实录》一书，便写下了一篇书评。这篇书评被傅国涌老师看中后，向李玉龙推荐。

2007 年 9 月，李玉龙和郭初阳一起来到童蓓蓓家，劝她辞去公职，到成都一起做杂志。第二天一早，他们就带她离开了老家玉环。"父亲还没有反应过来，他们就把我接走了。"

"教育在线"的论坛里，"小狐"记述了这件事的始末。有一句话在跟帖中被反复引用："教育极可能是一扇门，更可能是一堵墙。世界上再没有比教育更加轻盈的翅膀，也再没有比教育更加顽固的牢笼。""小狐"正是童蓓蓓。

时隔九年，童蓓蓓任教于杭州越读馆，给小学五、六年级的孩子讲阅读和创意写作，重新成了语文教师。

"为什么那个教育梦迟迟不肯熄灭？为什么对生命成长的好奇一直在持续？我被安放在教室里，真理被种植在孩子的心中，我因确信这一点而快乐。"教过初中、高中，做过编辑、记者，现在做小学教师的童蓓蓓用了十几年的时间明白了这一点，这也是她今日的心境与状态。

二、课堂里的辩与安

2011 年 9 月，童蓓蓓在越读馆给六年级的孩子上新学期的第一节语文课，从"我的名字"出发，她带着孩子们读了创世神话。当读到神要用自己的形象造人时，师生间有了下面这段对话。

师：这是描写人类受造时的一段文字。神准备用自己的形象造人，是因为神不能让一个低智商的人来统治一群低智商的东西，那样它们会争吵。

生 1：那么神是人的样子吗？

生 2：若是人的话，是男人还是女人？或是半男半女的人妖？

师：如果神也受性别的限制，那他还算神吗？

生 2：可如果不是人，神又是如何造出与神一个形象的人出来？难道人本来不是人吗？

生 1：神的样子与人不同，为何神造出来的却是人，而不是人妖或其他呢？

生 2：还有，神又是谁造的？造神的又是谁造的？造造神的又是谁造的？造造造神的……

师：我服了你们！

在平等交流的课堂中，学生质疑教师的说法，遂生成了这段调皮的对话。学生在自己的博客中将这段对话记录了下来，并在对话后补充："在越读馆，每个细胞都在勃发，思如泉涌，晚一秒都赶不上。"

"我不觉得孩子的思考能力低于成年人。"童蓓蓓说，"在我眼里，孩子可能是一个未来的战士，一个大律师，一个撬动地球的人。特别是在女生那里，我看到了很大的变化，看到了很多的可能。

"女生在一般的环境中，受到的激励更少。平时，我们对女生的表扬可能会很多，但多是基于她已经做到的事情，她没有受到激励去发掘内心没有展现出来的那部分。我会帮助她，去看她在未来可能成就的世界。"

越读馆的班额一般都是 20 人，童蓓蓓尽力关照到每一个孩子。上课之前，她会先观察小朋友的状态，对他们进行安抚，以保证孩子能专注于课堂。"孩子在某些方面的需求如果得不到满足，其内在的饥渴会影响其学习的专注程度，教师应当发现孩子内在的需求，并适当满足他们。"

在"给未来的孩子起名"一课的写作中，童蓓蓓这样要求孩子们："想象在十几二十年后，你有了自己的孩子，你来为这个未来的孩子起名字，并说说为什么要起这个名字。"那个爱摸老师的学生写道："我要为我的孩子取名黄蓓蓓，她的名字是用来记住童蓓蓓老师的。是童老师给了我灵感，也是童老师让我们第一次写自己孩子的名字。我愿我的孩子长大后像童蓓蓓一样的笨，一样的开朗、热情。"

三、平地抠饼

因一篇书评被发掘，然后转去做媒体，童蓓蓓有了更宽广的视野。回过头看自己以前写的东西，童蓓蓓说："里面有太多的哀叹、悲鸣。如果你觉得不自由，你就出来呀！你出来不就行了嘛！真的是饿不死人。用野夫的话说，就是'平地抠饼'。人是活的，到哪里都活得下去，你总有一种能力可以帮助到别人，并用帮助别人的方式光明正大地养活自己。我们应该以爱为动力，而不是被惧怕所辖制。"

那时，作为编辑的童蓓蓓经常叹服："郭初阳是最敬业的一个作者，每次他发来的文章，不但观点鲜明独到、考据精细充分、论证严丝合缝，连错别字和标点符号的误用都鲜有发生。"

2010 年 9 月，《救救孩子：小学语文教材批判》一书出版后，童蓓蓓作为"第一线教育研究小组"的成员之一，看到的最多的批评是"只会批评"。其实早在 2009 年，郭初阳就在杭州创办了越读馆，开始了作为独立教师的语文教育探索。对现有教材的批判，加之对优质教育的共同探寻，最终使童蓓蓓来到了越读馆。

越读馆的教师有选择和编写教学内容的自由。童蓓蓓回忆，2011 年 5 月，她刚到越读馆做教师时，"郭（初阳）老师来听课，每次课后他都给出二十条建议。那段时间，我成长很快。一个月过后，我开始独立编写教材和上课"。

"李玉龙带我进入教育，郭初阳带我进入课堂。"童蓓蓓曾在一篇文章中如是说。

四、择经典而教

教材内容的选择标准，首先是经典。童蓓蓓介绍说："越读馆的校训是'中国人，世界心'。人不是植物，植物才生在哪里就长在哪里。动物还有迁徙呢，不要说人了。人生在哪里，不一定就被囚禁在哪里。人不是缚地灵。因此，所谓的经典，须从全球的视野来打量。我们应将自己看作整个人类文明的继承者，而不应将自己限制于一族、一国、一地。学生学了跨文化的世界经典，无论到哪里都能跟别人有共同话语。"

这样，日常的阅读积累就显得尤为重要。"读书的量，决定了一个人的教书质量；读书的量，决定了你存货的量；你存货的量，决定了你输出的质。读书少了，就意味着你无可选择。"

童蓓蓓给六年级的孩子上过一节以老鼠为专题的课，其中用于教学的三个文本分别是这样的。

第一个故事是"厕鼠与仓鼠"，出自《史记·李斯列传》。一次，李斯在厕所里面看见几只吃屎的老鼠，这些老鼠一看到人或狗过来，便赶快逃走；而在米仓里的老鼠，却吃得又大又肥，在仓库里高枕无忧。

第二个故事是寓言《乡下老鼠和城里老鼠》。城里老鼠去看望乡下老鼠，那里有美丽的自然风光，但是生活平静甚至乏味。而当乡下老鼠去拜访城里老鼠时，它又觉得城里虽然奢华，却步步惊心，还是乡下好。

第三个故事选自小说《浪漫鼠德佩罗》。德佩罗跟着哥哥姐姐在图书馆里吃书度日，他学会了认字。当他读到一个词语——"很久以前"时，他的世界突然变大了。他爱上了一个公主，要变成一个骑士，去把自己的公主救出来。

第一个故事中，老鼠没有选择；第二个故事中，老鼠有选择的自由；第三个故事中，德佩罗主动选择了冒险，为一些不一样的东西。

童蓓蓓认为，在专题式的教学中，如果我们能"从孩子的思维出发，调焦到他的兴趣点，孩子就会兴奋起来"。课堂上，学生们为了要成为哪种老鼠而展开辩论，他们从文本中找出信息来佐证自己的观点，或者批评对方的观点。为了让自己的话语更有说服力，他们竭尽所能，反复细读文本。

"文本与文本会相互吹气。"童蓓蓓确信，"在这堂课中，因为谈论的是老鼠，孩子们可以很安全地表达自己的观点。即便在跟自己截然相反的观点面前，他们依然可以做到心平气和。"

她选择教材的另一个标准是儿童心。"你要看文本是否契合儿童的口味，你要看文本所呈现的风格是否真正符合孩子心灵成长的需要。比如，孩子到了五、六年级，就会经历由爱童话到毁童话的过程，经历从认识现实到批判现实的过程。六年级的上半期，是孩子重新认识社会的阶段。"

童蓓蓓曾给五年级的学生布置写"流水账"的作文，"这样的观察方式和写作方式，是他们这个阶段的特点。孩子的眼光，会从一件事情流动到另一件事情上，没有详略区分。就像金圣叹的《三十三不亦快哉》一样，只是把那些事情一个个罗列出来。诸如凝神、细察的能力，是后天训练出来的"。她给学生的范本，则是清少纳言的《枕草子》。

"过度的技巧混乱了核心。"她特别指出了教师在学生写作起步阶段的指导误区，并补充道："要跟孩子的天性合作，就像卢安克说的那样。"

五、让爱活化出来

在浙江台州教初中和高中的时候，童蓓蓓去家访时常遇到这样的场景：母亲们拉着她的手，感慨自己"无字"。童蓓蓓后来才明白，"在温州方言里面，没有文化或不识字的人叫'曙叽（bo ji）'，也就是无字的意思"。"无字"透露出为人父母者在教育孩子上的无力感。

在后来的教育生涯中，童蓓蓓愈发觉得阅读的重要性："孩子每天至少要花十分钟时间大声朗读自己喜欢的东西。如果是一家三口，就喜欢的书，你读一段，我读一段，这个场景会支撑孩子走很长的一段路。很多家庭的记忆、家庭的文化，就是从这里开始的。"

作为教师，除了传授给学生知识，以及培养他们思考、阅读的习惯，我们能做的还有很多。比如，五、六年级的孩子羞于说"爱"一词。童蓓蓓于是想到，在自己家乡，人们是不善于表达爱的。"在善于表达爱的人群中，爱这个词的读音会响亮上口；在善于创造爱的人群中，爱的读音也会饱满圆润；在爱得深沉的人群中，爱的读音则往往会简洁而刻骨。"

因此，她试着让学生在生活中发现爱、表达爱。"要让爱活化出来，而不是变成一个符号性的东西 —— 在流行歌曲里面，变成他们所敬拜的神明；而在中小学教育里，又变成魔鬼的代名词。"

平时，童蓓蓓在跟孩子对话时，常会使用积极的视角，其原因是"为了建造一个人的生命"，"只有当你很节约'不'这个字时，你才能让它在真正需要的时候发挥作用"。

"小学里，为什么要有那么多温暖的课程去帮助孩子建立对人的肯定、对爱的信仰？"童蓓蓓接着说，"黑暗并不是一个实际的存在，而只是因为光不在。光明在哪里，黑暗就在哪里被驱散。一个人，只有从小积蓄光明，栽种光明，活在光明中，在对光明的经验中获得对光明的信心，才可能进入黑暗，与黑暗争战，并胜过黑暗。我的课堂就是我的战场，以经典为车马，以童心为翅膀，以光明为兵器。"

/ 本文作者为原《时代教育》杂志编辑 /

书桌一摆

所谓"启蒙",其实只是分享各人眼中的世界,让眼睛能看到他人,让心灵能感受到他人,让手指能触摸到他人,并与他人结成美好而积极的关系。

—— 童蓓蓓

郭初阳的"反骨"

——读《言说抵抗沉默：郭初阳课堂实录》

春天的午后，铺满阳光的房间，懒洋洋地翻开手中这本《言说抵抗沉默：郭初阳课堂实录》。

纯属偶然。

偶然去书店，偶然去看教育类书籍，偶然看到书名，偶然有钱，偶然买下，偶然翻开。

蔡朝阳的序言，让人心中震颤，似乎有什么东西从一片荒寒中挣扎着想要出来。一些名词和动词，是人与人之间的精神密码。不需要相见相识，只需要相遇，凭这只言片语便可于人山人海中将他一眼辨识。仿佛是从同一个流水线上奔逃出来的半成品，用阳光和水洗涤着身上的钢印戳记，试图还原本来的样子。随着书页一张张翻过，我的内心涌起言说的冲动。

郭初阳之所以引发激烈的争议，无非是因为在一些"诸葛亮"的眼里，他长了一块"反骨"，而且还是老大的一块。于是一些含蓄而严厉的批评，伴随着循循善诱、忧心忡忡的劝导，飘满了那些教室。

那么，郭初阳的"反骨"到底长在哪里？

不要用什么"主义""性""化"之类的僵硬概念吓唬我，在"人文"蜕化成"姿态"的精神世界里，任何新名词都容易凝固成脂肪，无关痛痒却容易层峦叠嶂。倒不如看我村姑菜刀是如何剖出反骨如许的。

一、反催眠

一节公开课，若是没有催眠活动，简直就不能称为公开课。催眠活动又分两类。一类是煽情催眠。越来越精致的多媒体，穷尽各种姿态"诱导"听者低下头颅，放弃思考。当"感恩"流行的时候，课堂里到处都在重复着悲情戏：父母养育子女是如何艰难、老师奉献心血是多么无私……教师时而低沉时而高亢的声音，像一个个魔咒紧紧捆住学生的心，使他们在弄清亲子关系、师生关系、公民与国家以及人与文化之间的关系之前，就已经在精神上成为一个负债累累的穷光蛋。另一类是狂欢催眠。在发挥学生"主体性"的口号下，课堂活动越来越多，也越来越流于表面的华丽。互动吧，倾诉吧，生成吧，言语的烟火之后，留下的只是伤口一样黑洞洞的天空。这两类催眠，无非是让学生交出自我，放弃独立思考。在经过层层过滤的有限信息资源下，学生能做的只是不断重复自己，他的精神疆界没有得到丝毫拓展。而我们也就在这样的重复中露出了欣慰的笑容。我们在欣赏童真的同时，阻碍了学生的成长。

郭初阳显然是反催眠的行家。按说在课堂上煽动学生的情绪，然后在流泪的姿态中获得心满意足的微笑，对他来说并不是很难的事情；但是，他却希望读者在面对文本时，能克制住自己的情感冲动，保持清醒，甚至是痛苦的清醒。他建议学生"不带感情"地朗读诗歌。他用课外的材料，呈现被有意或无意忽略的声音，展示另一种可能的视野。在"鼓足干劲""赶英超美"的激情背景下，他引导学生寻找缺席的当事人，思考缺席的原因，探索他可能的言语。以文本为核心，他一次次追问是什么、怎么样、为什么，目的只有一个——追寻母语的思想功能。思想的前提是清醒，在郭初阳的课堂里，师生们保持着理智和冷静，不轻易满足于一个既定概念、一个既成说法。他们用智慧的目光穿透文化的脂肪，摸索出潜在的逻辑底线，用怀疑的目光，审视那些被目为悠久传统、顺理成章的种种理念。清醒者的疼痛最为显著，因为他拒绝麻木。然，唯有清醒，方有突围的可能。

二、反割裂

在这一点上，倘若我说"反阉割"，大家应该会更容易理解。

人人生而完整，却无不处在阉割之中。

作者是不完整的，作品是不完整的，译作也是不完整的，经过反复遴选、过滤之后的"课文"更加是不完整的。

读者也不完整。每个群体、每个个体都有自己的阅读焦点，而比焦点大无数倍的，则是视野盲区。人的困境是，他永远无从得知真正的"全息图景"的所有内容，任何阅读都只能是收获与遗憾并存。从某种意义上说，我们都是圣地亚哥，在捕获大鱼的同时，难以逃脱鲨鱼的追猎。

认识的局限是必然的，但倘若因此否定了超越的可能，进而放弃了突围的勇毅，那就无异于将入蚕室而自宫。可惜的是，大多数人都在压抑中默认了既定的一切。于是，语文课，成了经由文本通向既定目的地的旅行线路。其中优秀者能让旅途快乐一点儿、美好一点儿，甚至能顺路采几朵花、摘几个野果，然而目的地依然不变。随着"规范"越来越烦琐和严格，这条路也几乎成了流水线。

在郭初阳的课堂上，文本中的沉默者，经由学生之口开始言说；文本中的缺席者，经由学生之眼开始显现；被默认的规则，受到了广泛而强烈的质疑；广受推崇的价值伦理，不得不接受审视和评判。从《项链》中读出"灰姑娘"的原型，从《珍珠鸟》中看见被"囚禁"的快感，从《愚公移山》中发现老人哲学，从《祖国啊，我亲爱的祖国》中找到宏大叙事下枯萎的自我……当阅读者尽可能地摆脱镣铐，以平等、悲悯的眼光打量那些沉没于文字之下的形象时，当阅读者在移情、换位中感受到作者的心境时，那些被时间、权力、偏见埋藏着的痛苦，也终于慢慢地浮出水面，陈述自我。

每一节课，都在不断拓宽视野，都在阅读中为盲者睁眼，为哑者开口。或许我们无法得知我们在生命中会创造些什么，但我们至少可以懂得，健全的生命必然、应当拥有什么。阅读的菜单可能会很长，而生命可能会很短，然而，让我们伤痕累累、耿耿于怀的，总是后者 —— 在阅读中拓展生命的疆界，追求个体的生命自由和生命价值。没有个人独立，何来语文的觉醒？

三、反儒化

所谓反儒化，是指反对教师的"儒者形象""侏儒形象"和"犬儒形象"。新课程改革举措，一茬接着一茬；新理论、新概念，一浪胜过一浪；新文章、新人才，一拨跟着一拨；新成果、新业绩，一坨叠着一坨。然而热衷于名词更新和理论建构的改革，却难以得到一线教师的积极回应。改革对教师的要求越来越繁复，要求你是学科行家、教育专家、心理学专家，要求你具有高学历、高能力，还要求你具有奥特曼一样强健的体力和倪萍一样丰富的感情，更要有李子勋那样的涵养、包容和洞察力……师资是靠培养出来的，要培养出这样的教师，需要多少人力、物力和财力？别的不说，光是时间就够让人伤脑筋。制定规则的人，倘若不能解决制度可行性和执行成本问题，那么这种制度几乎就是用来违背的。在纸面上设计出一个超越现实生活存在的儒者教师形象（姑且不论这形象本身是否具有合理性），而缺乏足够的教育资源，会使得这一儒者形象只停留在虚空之中。一两个特例，并不足以带动和激励其他人。所谓榜样的作用，同样是有限的。

而在民间，语文教师的形象与官方设定的形象形成了鲜明的对比。

在民众眼中，"好教师"并不具备官方所设定的"学者"的优质特征，反倒以"廉价"而被人津津乐道。人们习惯于赞颂从前的教师如何两袖清风，如何不计报酬为学生补课（这时候是不存在所谓"减负"之说的），如何为学生牺牲自己的业余时间和个人金钱。而教师开启智慧、引领学生精神成长的功能却被忽略了。教师的价值，只体现在他把黑发熬成白发，把白发熬成无发，或者是为了教育事业放弃了作为一个正常人的健康身体和健全人格，甚至透支生命。这本身就是掏空了教师的精神资源，矮化了教师的作用，是对教师自身价值的莫大讽刺。在这种观念下，教师常常处于"跪着教书"的状态，他必须仰望官方、仰望学生，直到仰成颈椎骨折、脊椎变形。

然而这是大家喜闻乐见的。"便宜",甚至是"免费"的教师,以他们的身心健康为代价,用自己的血肉之躯去填补教育投入和教育管理上的空洞,这看似悲壮,实为滑稽。

教师也是独立的生命个体,有着自己的个人生活和社会活动,人的种种需求,他也一样不缺。因此,儒者形象可望而不可即,侏儒形象心有余而力不足。哪个正常人会乐呵呵地自我阉割?然而,在没有第三条路可供选择的情况下,更多的人沦为"犬儒"。

犬儒分好几类。有的自认能力有限,便"混"字当先,上头的要求,一律应付完事。课堂教学、学业进修、科研论文……一律蒙混过关。有的能力不俗,已经混出了名堂,便"利"字当头,办补习班之类还算是小的,上点儿档次的,早就已经超越了"脑力劳动"而升格为"口力劳动者",甚至是"权力劳动者"。至于教师本身的职能和社会责任,与他毫无关系。

在这样的背景下,郭初阳几乎是天外飞仙。作为一个中学语文教师,他手里紧紧握住的,是文本;眼睛深深凝视的,是学生。

每个人都有用来与世界沟通的方式,文字是其中很重要的一种。郭初阳并不急着把学生背到街对面去,也不热衷于在路边唱歌、做游戏,他给出了一些地图,让学生自己去寻找方向,包括校正错误的路牌和建立更多的方向标志。

他的课堂很少有花哨的东西,一切都从文字中来,到生命中去。用语言解释语言,用常识化解常识,从人认识人。他就像《宽容》中的那个漫游者,从伤痕累累的远方回来,满怀欣喜。但是他比那个漫游者聪明。他没有信誓旦旦地告诉学生外面有什么,而是让他们自己去尝试。于是,更多的道路被发现,更多隐藏的路标被发现,更远的远方也被发现。而这一切,都是学生自己从文本中得来的。

我始终相信,文字也好,教育也罢,说到底都是很朴素的事情。向内寻求自我,向外探索世界,说到底也就是漫游者的历程。每个个体的生命,因这一次次的漫游、历险而成长、成熟。旅行指南的作用从来都不是用以蒙蔽双眼的。郭初阳的价值，在于他在课堂之内建立起了一种对世界的思考方式，而这种思考方式，具有强大的迁移功能。这也是王荣生先生在评价郭初阳的公开课《愚公移山》时的重点。王先生认为思考方式有无数种，而郭初阳似乎只引导学生选择了其中一种，于是王先生很生气。

四、他还是爱你的

王先生评价郭初阳课堂教学的万言论文，主要说了三点：

1. 阅读取向问题。

2. 教学内容去个性化问题。

3. 教学过程合理化问题。

王先生认为，阅读必然带有读者的个体特征，他引用阿尔都塞的话说"凡阅读必定有罪"，"无辜必是虚妄，这就是阅读的意识形态的本质"，并从而引申出"并不存在自觉、系统的'另类'文本解读方式，动机其实只是求新、求异……"。在王先生看来，教师的职业角色决定了他只有在课程标准中找到相应条目的特许恩准后，方能获得独立阅读的合法性。也就是说，只有在课程标准中明确规定的内容，才能进入语文课堂，与此无关的教师个性，应当予以摒除。由此，教学过程中的每一步，都应当展示课程标准的规定，否则，无论怎样优秀的阅读教学，都只能算是最低级的"好课"。他连用五个"为什么"质询郭初阳为何非要做有引导性质的提问，并以此作为郭初阳"取向"问题的罪证。

据说郭初阳也生气，认为王先生的看法过于学究化。

乍一看，王先生似乎有着中国式文人在建构理性时的怪异癖好：热衷于以纯粹理性的超现实理想为标准建立模型，然后将现实生活中出现的一切具体事物——往里头扣。然而他或许没有意识到，虽然新课程的推进意义非凡，但是变幻的只是城头大王旗，课堂依旧沉寂如死水。生命不息，折腾不已。王先生的不以为然，无非是因为郭初阳还不够"新课程"，没有按照教科书上的要求生病，没有按照解剖模型的样子生长。

说得更加明白一点，王先生的立场就是：只有在新课程标准上明文规定的内容，才能进入课堂教学。教师在解读过程中所持有的观点，只有在新课程标准上找到白纸黑字的证据，才能获得"课堂准入证"。这样的观点，在我看来，是将语文"纯粹化"和"技术化"，试图建立一种没有精神根基的"语文课程"，王先生与其说是"学究气"，倒不如说怀有"恐惧心"。

一直以来，语文教材始终是"兵家必争之地"。为了躲避"炮火轰击"，语文界开始用"技术"代替"思考"，用语法消解思想，用沉默面对愚弄。媒体上的语文教师形象，倘若不是无私奉献、呕心沥血、死而后已，便是穷酸刁钻、故步自封、贪婪猥琐。无论是前者还是后者，都没有精神力量，更遑论人格独立了。

为了精心打造这种教师形象，大量的人力物力耗费其中。所有不安分的基因，都被扼杀在摇篮之中。

王荣生深知这种力量的强大和无情，他的担忧和恐惧也正出自这里。或许，他希望通过"语文新课程"为人们提供一个技术上的庇护所。他对郭初阳的洋洋万言，与其说是批评，不如说是建议。有眼睛的各位，可曾见过与王同样重量级的人物评点过郭初阳的语文课？

所以说，我从王先生看似严厉的批评和质疑中，读出了他对郭初阳的爱护。

五、自由不是一种主义

许多人用诸如"反动""异端""浅薄""扭曲"等词语来形容郭初阳，他们甚至喊道："是谁赋予了你在语文课堂上教学生自由主义思想的权力？你凭什么要给他们灌输这个思想？这个思想是解决人生诸多问题的灵丹妙药吗？"

对于这样的论调，我从来都不以为出乎意料，他们的逻辑和推理过程如出一辙。犬儒和教条是一枚硬币的两面，表现不同而本质相同，表象万端而内心空洞。最初，当脚步被牢笼禁锢时，我们愤怒；后来，当心灵被绳索束缚时，我们却依赖成性。长久的禁闭和言语习惯，使得我们中的很多人（包括我自己）失去了或者说从未拥有过属于自己的语言，只会在宏大叙事中借着金光灿灿的硕大名词和一惊一乍的形容词来表述一种空洞。

我想我们都需要在麻木中解毒，恢复对疼痛的感知，恢复视觉和听觉。尽管我们未必有力量解开锁链，但是我们至少要知道自身的困境和他人的孤寂，我们不应该用自私、冷漠来构筑孤岛，在熟视无睹中任由自由和权利被剥夺。

自由，从来都不是一种"主义"，更不是所谓的"政见"。自由是你我赖以生存的空气，是对话交流的基本平台。它源自每个人内心等待被发现的期盼，它源自每个人对脚下土地的坚守，它源自每个人表达自我、实现自我的力量！无论谁，无论以何种名义，剥夺个人应当享有的基本权利，都是天然有罪的。郭初阳的课之所以引起如此广泛的讨论和争议，正是因为他激发了人们在课堂之内探索自由之路的勇气。

而那些指责郭初阳借课堂抒发个人思想的说法，实在是荒谬至极！

个体自由是言语对话的平台，是人与人之间交流的最低线而非最高标准。唯有在个体权益受到保障的前提下信息相对完整，才能使"互动""生成"成为可能。信息的封闭与不完整，常常使我们形成错误的观念，并使我们成为自己的敌人。没有个体的独立和自由，何来思想的探索与成熟？而没有思想，又何来语文？放弃了思想的层层深入而妄言语言文字的进步，无异于镜花水月、空中楼阁！这个时代"左手流水，右手年华"之类的无病呻吟，不正是失去了精神的依托之后，文字阳痿的体现吗？而面对苦难时的缄默，更是我们作为生命个体的无能、无耻的表现。只有思想的前进，才能推动语言的发展。郭初阳们的意义，不在于他们采用了多少精妙的技巧，而恰恰在于他们让我们知道，语言，是通向自由的一条道路。我们有可能经由语言，发觉自身的桎梏，感知镣铐的沉重。即便我们无法马上卸下，我们至少能明了这重负之确凿存在。

已经沉默太久、太久了。

面对个体精神和普世价值的深入人心，我无法转过身去，装作自己什么也看不见。在那个春天的午后，当我翻开这本《言说抵抗沉默：郭初阳课堂实录》时，我知道，我已无法继续沉默。

郭初阳们看似大逆不道,实为人间正道。他们那看似"叛逆""反动"的言行,实为回归健全的人性。只是,自由的翅膀总是被目为"异端""病态"而加以批判。

这是前现代的悲哀,而不是后现代的伤口。

成为人

——评《新童年启蒙书》

一、建立关系

郭初阳、常立、蔡朝阳和蒋瑞龙所编写的丛书《新童年启蒙书》是2012年底教育出版界突现的一个亮点。在各类"儿童启蒙书"中，这套书显得卓尔不群。它以讲故事的方式，在个体与个体之间建立连接，在自我与他者之间建立关系，在互动中不断调整纽带，从而形成多样化的链接。可以说，故事建造了人的社会性，即将单个的人发展成为"有关系"的人。

在当下的默认设置中，人是社会大机器中的螺丝钉，是社会大树中的叶子，人被限制在自己的环境、身份和角色中而不得自由，并将这种不自由传续给下代。而这套书的立场，却是以充分尊重儿童个体的自由意志为前提，只呈现人类社会的形成和发展，而不说你"必须如此"；只呈现过去和现在如何，而不以成人的眼界封堵儿童的未来。

《大人为什么要开会：运用规则获得自由》中，阿当和小朋友在玩耍中研究如何玩得更开心；《为什么不能把所有东西买回家：一种有趣的孩童经济学》通过虫虫和虫爸的对话讨论人与钱之间的奇妙关系；《从前，有一个点：事物的起源与秘密》在散点透视的童话烟花中看见万物有开头；《我是中国人：在古老的土地上崭新地生长》则像哆啦A梦一般从乾坤袋里掏出一个又一个关于"中国"的传奇和典故。作者在书中并没有强化成年人的信息优势，反倒俯就儿童的心理和视角，将启蒙的野心隐匿在活泼的情节和生动的场景之中。就像一块美好的巧克力，隐藏起所有复杂深奥的工艺，单献上香浓与可口。

二、人的意义

我承认自己沉醉其中。

亚当从"独存于世"的噩梦中醒来，意味着他也从"自恋"中醒来。他发现了他人的意义，让每个人都分享自己的观察与思考，将个人存在的价值发挥到了极致。开会的白热化阶段是辩论，不同的观点进行着撞击和搏斗。通过《蝇王》《十二怒汉》所提供的经典场景，辩论被细分为种种要点，然后逐渐寻索辩论（开会）的必要规则，最后全书在罗伯特议事规则中结束。"噩梦 —— 探索 —— 搏击 —— 规则"，节奏活泼、连贯而清晰，读之如畅饮。主人公亚当，与人类始祖同名，隐喻着这是一个关于个人与他人的故事，也是一个关于整个人类的故事。

熟悉蔡朝阳的人在读《为什么不能把所有东西买回家：一种有趣的孩童经济学》时，一定会常常发笑，因为他所描述的场景如纪录片一样真实，"陈叔叔""李伯伯""黄大师""曹伯伯""晨晨姐姐""东东哥哥"等人物都有据可考。有趣的是，蔡朝阳为主人公虫虫所设置的人物环境充满温情，凡是虫虫接触到的人，都有自己的身份，如叔叔伯伯阿姨姐姐哥哥之类的，连卖西瓜的小伙子都被称为"西瓜叔叔"。这本谈人类经济关系的书，却是以人的伦理为底板，以人与人之间亲近而美好的关系为底色的。所以，人可以不分肤色，钱却有黑白之辨。

蒋瑞龙手里捏着一块烫手山芋，"我是中国人"这类关于"民族大义"的命题，太容易让人掉入古老的陷坑。稍遇质疑就开始查对方户口本，凡不认同的就"不是中国人"，这种态度本身就是民族认同的大敌。肉身的出生地，并不能限制灵性的去向，只有心里生出来的认同，才是真实的归属。所以蒋瑞龙一招"飞龙在天"，将庞大的"中国"化为一个个神话、传说、语言、庆典、服饰、山川，以及生于斯死于斯的生命个体，然后"亢龙有悔"，祖露国人"公共残疾症"的症状，如对特权的默认、对他人的无视、对合作的无能，等等。一旦出身不再成为重负，人就可以不用再做植物人，而成为有灵的活人。

在我看来，《从前，有一个点：事物的起源与秘密》有别于《万物起源》之处，是它不只跟孩子们讲关于万物起源的故事。15 个故事，表面上是用童话的方式讨论宇宙、时间、质量、白天、货币等，而作者常立事实上说的也许只是一个故事——爱。在他所建造的童话世界里，宇宙因爱而生，时间由爱而起，轻飘飘的世界因爱而有了质量，黑魆魆的夜晚因爱而有了光明……爱成为人类万物彼此间最富有创意的关系。

象征爱的人鱼姑娘，改变了城管理查的生命轨迹。

爱需要交流，所以国王可以禁止摩托车、电动车，禁止隐形斗篷，禁止日月星风雷电，甚至禁止植物动物和矿物，却不能禁止心里吹响的口哨，以及从心里传递出去的爱情。

爱上夜莺的捕鸟机在寻找爱人的路上，释放了一个又一个爱无能患者，但巨人和陷阱在一起，乐弓和食人妖在一起，投石机和喷火龙在一起……无论你有多怪异，你都可以找到情投意合的伴侣，而国王却只能和他自己的不幸在一起。

一页又一页，我在泪光模糊中看完了这本书。我的内心本没有爱，却执拗地渴望着爱的关系。这就是人哪！

三、一个启程

从前，有一个点，走着走着就变成了一条线，就形成了一个圆，就组成了一幅图画，就构成了一个世界。

在进化论中立法的世界，往往以人为物，以竞争为规则，以适应为至高法则，这样必然会形成自我分裂的孤独个体和一盘散沙的集群。所谓"启蒙"，其实只是分享各人眼中的世界，让眼睛能看到他人，让心灵能感受到他人，让手指能触摸到他人，并与他人结成美好而积极的关系。没有他人的个体，本身就是残缺的零部件，无法自圆其说。

这样的时代，自然有惨痛的哀号和悲伤的泣鸣。我们可以用"文化""体制"来阐释当下的悲哀，但不必夸大它们所带来的限制，也不该将自己的努力看成虚无。因为"未来之鹰"已将我们驮在背上，穿行于惊涛骇浪之中。你在哪里将自己点亮，哪里就不黑暗。

四十岁上下的四位作者，通过自己的点，重建了人的关系。

这是启程，而非结局。

与已经结集出版的作品相比，更精彩的还在路上。

如果你厌烦了这个世界的沉闷、混乱和无趣，如果你在梦中尚有一双隐形的翅膀振而欲飞，如果你有一个新的故事要对孩子们讲……来，用你的天赋和专长，用你自己的方式，与孩子们结成一种特别而美好的关系，并且让自己的生命见证这一关系，见证这是一种又真、又活且能带出丰盛生命的关系。

圪梁村纪事

—— 评贾平凹的《极花》

贾平凹的《极花》最初刊登于《人民文学》2016 年第 1 期，并入选当年《亚洲周刊》评选的年度十大华文小说，后又获得首届北京大学王默人－周安仪世界华文文学奖。但该书在评论界毁誉参半。有人认为作者在为拐卖妇女洗地，作家侯虹斌甚至发出了"贾平凹为何渴望一个拐卖妇女的农村能永续存在"的疑问。而作者贾平凹并不接招，他说："一切评论都要以小说文本为主，脱离小说文本的任意延伸、引申，是可怕的。"

这部小说究竟写了些什么？作者用 16 万字建构出来的"圪梁村"究竟是一个怎样的村庄？圪梁村村民的生存状态、经济方式、日常行为、价值观念和精神面貌究竟是怎样的？这些基本信息将直接影响读者对村民违法行为的判断，包括对这些行为是否抱以同情心。

这是一个虚构的乡村，但作者对它的描述却是仿真式的。它不是宫崎骏镜头中的汤屋，也不是彼得·潘的永无岛，更不是爱丽丝畅游的仙境，它是扎根在陕北黄土高原深处的一座"可能存在"的村庄。我们可以通过书中的描述，了解该村的概况和村民的日常生活。

一、村庄的基本面貌

1.位置

该村位于陕北黄土高原，干旱缺水是当地的常态。入夏以后黑亮爹好几次抱怨天气，说连续八个月没下雨了。书中记录的下雨按顺序有以下几次：

黑亮跟园笼去买女人的那天凌晨下了雨；

每年的洗佛日会有一朵云来给老槐树降水；

胡蝶得知怀孕前下过一场小雨；

猴子挖金锁媳妇的坟之后下了一场大雨；

一月里曾下了三场雨；

訾米向胡蝶讨要她儿子的童子尿之前曾下过三天大雨；

胡蝶学会村中妇女劳作前一夜下了雨。

2.时间

本书 2015 年 5 月完成初稿。作者在《后记》中说，十年前一位老乡的倾诉促使他写作了此书。那位老乡找女儿找了整整三年。在本书中，胡蝶被拐后生了孩子，并且记录了孩子的成长。由此可以推断，书中故事发生的时间不会晚于 2002 年 5 月。

麻子婶在向胡蝶介绍自己的身世时说，自己五十年前 14 岁，被盐商强奸后做了妾。"盐商""妾"在 1949 年之后都不复存在，因此书中故事发生的时间应该不会晚于 2000 年。

另一个参照是村中没有村小，这跟"撤点并校"直接相关。2001 年，国务院颁布《国务院关于基础教育改革与发展的决定》，要求地方政府"因地制宜调整农村义务教育学校布局"。之后十年，一场大规模的撤点并校运动使全国农村中小学减少了近 30 万所。

而本书中的圪梁村可能在更早的时候就没有了村小。因为老老爷已经很老很老，村民中又没有其他可以做教师的人，由此可以推测书中的故事发生在 2000 年前后的两三年间。

但按这个时间，书中对胡蝶母亲的描述就令人困惑了：她到城里捡垃圾，月收入 2000 元。书中没有对此做更多的解释，因此这个 2000 元的月收入可以看作是她的常规收入。但据 2017 年 12 月 13 日《华商报》报道，西安工薪族当年的年均收入是 3 万元，也就是说，平均每月 2500 元。陕西最大城市的工薪族月收入仅比 17 年前拾荒者高 500 元，这恐怕是作者在创作小说时所没有考虑到的吧？

3.交通

该村远离乡镇。从村里开手扶拖拉机到镇上得 4 个小时，步行得 2 天；到县上则要开 7 小时的手扶拖拉机或步行 4 天。本书后半部分说，从县上坐公共班车得走一天才能到镇上。（但作者又说"再从镇上去圪梁村，步行需五个小时"，前后不一致）

路况是怎样的呢？路上很不太平。主人公黑亮介绍说："要过七里峡要翻虎头岭，要经老鸹沟和南洛川，再去莽山到黑狐岔，还上烽火坡绕月亮滩。沿途没有几户人家，路上有蛇，树上有马蜂，还有狼呀豺狗子呀野猪呀和鬼。夏天里太阳能把人皮晒裂，冬天里又都是冰溜子，不小心滑下崖，连尸首也难找着了。"这样的交通状况和地貌，决定了被拐妇女难以逃脱，即便逃出了家门，也绕不出群山众壑。

村中仅有一部电话，在村长家里。

4.经济

村中尚未通电，村民用驴子耕地，用石磨磨粉，他们挖掘自然资源，将柴火当燃料。村里没有自来水和网络，没有水窖，没有卫生所，没有学校，没有书。人们住在窑洞里，睡的是炕。没有卫生纸，便后用石块、土块、树叶或禾叶擦拭。主食是土豆，没有白面和馒头吃。

村民种玉米、荞麦、黄豆、土豆、白菜、葫芦，也种蒿子梅（波斯菊）、何首乌等。书中说："野猫沟的地也是一片一片分给了各家各户，要集中出四十亩地种血葱，就得把他们三家别的地拿出来和那十多家的地置换。"由此可以推断，村民每家大约有十亩地。

房前屋后的树木有苦楝子树、白皮松、砍头柳，废庙的梁上有一棵空心槐树。山上有山丹花，人们可以采苜蓿给牲口吃，地上有类似黑木耳的菌类地软。

村民养猪、鸡、羊、狗和毛驴。空中有老鹰、乌鸦、麻雀，野地里有狐狸、野鸡。

除了农作，村里前几年还兴起"挖极花"，挖得满山都是窟窿再也见不到极花之后，村民们开始种血葱。

黑亮家里有辆手扶拖拉机，开着一个小卖部；瞎子叔会编草鞋；老老爷以前是个小学教师；麻子婶会剪很好看的窗花，但没有靠它去赚钱。

村中有男人外出打工，有些甚至死在异乡。

村民们共用硷畔上的几个窑，也共用厕所。厕所通常男女各占一侧，中间自地面以上隔开，但是下部中空。厕所墙角放着尿桶，有两种可能的用途：一是旱厕屎尿分离；二是放在屋内用以起夜。

5.村民

圪梁村是个杂姓村庄，男人中以黑姓居多，其次是王姓和刘姓。本村女人皆无姓氏。

（1）中老年人，共计14人。

存世者12人，其中女性3人：老老爷（鳏居）；满仓娘；金斗爹；王结实爹（十年前丧子）；三愣，八斤；半语子，媳妇麻子婶（无子）；七斤叔，媳妇青娥婶；黑亮爹（丧偶），黑亮叔（盲人）。

死亡的是：张老撑82岁（因通奸被人砍死）；顺子爹（喝农药死）。

（2）明确说明收买被拐妇女的，共计12人。

黑亮，媳妇胡蝶是买来的；

王保宗，媳妇是买来的；

杨庆智叫立春，杨庆德叫腊八，兄弟俩一起买了訾米；

梁显理叫园笼，媳妇是买来的；

三朵，媳妇是买来的，三年里跑了三次，生了两个孩子；

刘白毛，媳妇是买来的；

马角，媳妇是买来的，买来后马角把他的媳妇打断了一条腿；

祥子，媳妇是买来的；

安吉，媳妇是买来的；

八斤儿子，媳妇是买来的；

三愣的儿子，媳妇是买来的。

（3）不清楚媳妇来源的有4家（另外增加栓子和栓子媳妇）。

顺子（在金锁的媳妇被蜂蜇死后就离家去打工），他的媳妇跟收购极花的人私奔了；

王仁昭叫拴牢（拴牢媳妇），有个三岁的孩子；

满仓家有儿子和孙子，但没有提满仓的媳妇，可能她逃跑了；

刘孝隆叫金锁，他的媳妇叫梅香，四年前被葫芦豹蜂蜇死了；

栓子和他的媳妇（被村长"霸占"了）。

（4）其他村民21人，其中男性20人，女性1人，女性占比4.7%。

村长，王承仁（满仓），刘德智（金斗），王贵仁（础子），马德有（猴子），梁尚义（水来），李信用（耙子），刘全喜，毛虫，宽余，矮子，六指，开财，开财侄子，有喜，有成，银来，秃子大大，张耙子，社火，驼背桂香。

圪梁村村民共计66人，其中男性47人，女性19人，女性占28.7%。其中被拐妇女11人，占全部女性的57%。也就是说，这个村绝大部分的媳妇都是拐卖罪行的受害者，而村长却将"这几年就娶了六个媳妇"作为自己的政绩。这个"娶"，其实就是买。伴随买卖的，是囚禁、强奸、强迫生育。该村没有成年的未婚女性。

二、消失的女儿

圪梁村的人口特点是男多女少，中老年人中女性比例是最高的，越往下女性占比就越少。在新生儿和幼儿中，甚至根本就没有女性的身影。是圪梁村村民天赋异禀只能生儿子却生不出女儿吗？显然没有任何证据可以支持这个说法。那么女儿们都到哪里去了？

除了少数几个省区，新生儿性别比失衡在全国各地十分普遍。陕西省2000年出生人口性别比，长表数为125.1，短表数为122.15，教育年鉴现实为119，户籍人口为123.9。[①]

这一数据表明，几乎每五个女胎中就有一个在出生前就被杀死。而女性在成长过程中得到的医疗、教育资源远远少于男性，这导致女性更容易

[①] 单福海. 陕西省出生人口性别比定量分析与对策探讨 [J]. 西北人口，2010年第2期第31卷.

在成长过程中死亡，也导致女性占文盲总数的 70%，占贫困人口的绝大多数。

那么，为什么这么多人不愿意生女儿？

1.最核心的因素：父权制婚姻

从夫居——从夫居使女性从原家庭出来后，处在被外家人包围的环境之中，难以为自己伸张权利。由于女性在婚后必须跟丈夫全家一起生活，不能照顾到原家庭成员，所以之前在她身上的各种投入，都将成为沉没成本，不会给原家庭带来好处。因此，当教育资源不足时，首先被剥夺就学资格的总是家中的女儿。

冠父姓——只有女人才能生育。对于男性而言，射精是性行为的结果，而不是生育行为本身。男性不会因生育而付出身体、心理、职场、个人发展等方面的代价，而女性却要为生育付出顶级代价——冒死而生。可见，冠父姓的实质就是男性通过婚姻制度掠夺女性的生育成果。这种掠夺的利润率达到了天文数字级，就好比你往西湖里吐口唾沫，西湖里的鱼、虾、莲藕从此便都归了你。

为了维持这种暴利，父权可以做出任何事情来，堵塞女性的所有出路，把女性逼进婚姻以实施掠夺。这样的掠夺不会带给原家庭任何好处，即便女人生孩子死了，原家庭也不会得到赔偿。

女主内——女主内的分工方式，让家务和教养孩子成为女人一个人的事情。家务是做不完的，从早忙到晚没有休息的时候，而且没有团队，没有薪资，没有升职，没有福利，没有劳保，没有节假日，没有发展空间，甚至不被尊重。据调查，女性做家务的时间是男性的 2.5 倍，这些劳动都是无偿的，不能使原家庭获益，甚至会连累原家庭搭把手一起做。

村民们没有受过什么教育，但利害关系还是能看得清的，所以用"彩礼"来替女性挽回一点儿损失。而这点儿彩礼相比将孩子养育成人，实在是太少。于是，在趋利避害的人性下，"厌女"就成为常态。这一点并非只有乡村才有，城里也是如此。

以上这些，都在圪梁村——得到了验证。

结婚后的女人跟丈夫家人一起住。以下是一个耐人寻味的案例：有一户人家招了上门女婿，妻子去世后，丈夫另娶。结果这家的侄子过来赶走了丈夫，霸占了他家的产业和他后娶的妻子。招赘是对男娶女嫁模型的颠倒使用，丈夫成了这家的"外人"，不能拥有自己的劳动成果，一旦妻子去世，自己只能被逐。但是他在前妻去世后，按照男娶女嫁模型娶来的后妻，则成为这家产业的一部分，由侄子"继承"。

胡蝶十月怀胎生的孩子，跟黑亮姓。村中所有孩子都跟父亲姓，而且都依照父系确定身份。胡蝶父亲去世后，母亲独自养育两个孩子，但孩子还是跟父亲姓，并没有因母亲在生育和养育上的巨大付出而从母姓。这是非常可怕的传统，它让掠夺成为常态。女性在其间所付出的代价和牺牲，都被无端清零。无论男人怎么声称自己"爱"女方，都不肯在这桩最大的暴利生意中撒手，放弃冠姓权。

胡蝶认命之后，开始做村民的妻子，开始过"夙兴夜寐，靡有朝矣"的生活。她用单调的粮食费时费力地做各种食物，打扫庭院，整理衣物，甚至下地干活。她成为家人中起来最早而睡觉最晚的人。同时，孩子也几乎是她独自抚养的，黑亮连给孩子换尿布都不会。但这样的无偿劳动就是已婚女人的日常。麻子婶昏迷不醒时，她丈夫半语子完全不会料理家务，家里弄得一团糟。登门探访的胡蝶的感受是这样的："窑里一股子酸臭味，几乎使我闭住了气，而且黑咕隆咚，待了半天才看清满地都是乱堆的东西，没个下脚处，那灶台上锅碗没洗，也不添水泡着，上边趴了一堆苍蝇。案板上更脏，摆着盐罐、醋瓶，也有旱烟匣子、破帽子、烂袜子，还有几颗蒸熟的土豆和一块荞面饼。"这表明家中事务都由麻子婶操持，一旦麻子婶停摆，这家就烂透、脏透。

2.土地、房屋、财产分配制度进一步将女性逼入绝境

虽然女人生孩子，女人种田地，女人忙家务，但田地还是男人名下的，房宅还是男人户头上的，家产全都属于男人。女人除了付出劳动，一无所有。从良妓女訾米特意吩咐，有个箱子是不能动的，因为里面是她的嫁妆，不属于父家兄弟。这就意味着，除了婚前带来的嫁妆，所有她在这

家里劳动创造的财富都归入男人名下。她有责任出力，却没有权利分账。

当生存环境比较友善、物质比较丰裕时，这样的压迫是可以忍受的。很多农村家庭就是靠着母亲的劳碌支撑着，但他们仅仅是活着而已。大富之家还会为争夺父权上演各种争战，但圪梁村因为匮乏贫穷，就连条活路都没有。

贫穷是女性受压迫链条中的最后一环。腾讯网 2014 年 7 月 6 日 "今日话题" 指出："中国的自杀率在 90 年代（指 20 世纪 90 年代 —— 编者注）不仅在世界上处于高位，而且有特别突出的一个和别国不同的现象：女性自杀率高于男性（全球只有中国如此）。而自杀的女性中，又大部分集中在农村。根据《柳叶刀》的数据，1995 至 1999 年间，15 到 34 岁的中国女性公民之中，每 10 万人里年均约有 37.8 名女性自杀，而其中来自农村者占比高达 93%。"

而就在 2000 年之后，该数据发生急剧变化：女性自杀率迅速降低。

香港大学 2014 年的研究报告表明，2002 至 2011 年间，中国的年平均自杀率下降到了每十万人 9.8 例，降幅达到 58%；2011 年，15 到 34 岁的中国农村女性自杀数为每 10 万人之中只有 3 人，降幅超过了 90%。

改变的原因很简单：收容遣返制度被废除，女人有机会到城市打工。绝望驱使女人挣脱了 "女主内" 的模式，外出谋生。哪怕做最卑贱的工作，拿最低微的工资，都好过在农村里全方位地被压迫、被剥削。正是黑亮所憎恨的 "城市"，给了女人活下去的机会，挽回了一半以上自杀女人的生命。

三、腐朽的文化

在接受《方圆》杂志采访时，贾平凹表示，这个作品中的村子里有四条线在共同起作用：一是基层政权，一是法律，一是宗教信仰，一是家族。但当 "这些东西都起了变化，庙没有了，家族关系淡了，法律也因为地方偏僻而显得松懈，各种组织又不健全" 时，农村的无序便会产生，到那时，一个真正的 "圪梁村" 也就形成了。

那么，按照作者的设计，如果从基层政权、法律、宗教信仰和家族的角度进行观察，我们会看到一个怎样的圪梁村呢？

1.基层政权

圪梁村有镇里任命的村长。作者没有介绍村长姓什么，但书中村长曾对黑亮说自己算是黑亮的"大大"，所以他应该也姓黑。村里唯一的一部电话就在他家。给村民打各种证明是他工作的一部分。

村长对"经济建设"甚感兴趣，自认为带村民发家致富有功劳。得知血葱生意好后，他想方设法插一脚拿大头。

他将"媳妇"当作村民的生活资源。当村民购买被拐妇女时，他担任着牵头接线的任务。购买成功，他就当成是自己政绩的一部分。他知道被拐妇女不愿意给村民做媳妇，所以他会事先谋划，借来交通工具，并多叫些人来协助。他预料女性在此过程中会有反抗，因此哪怕使女方受伤致残，他也要为村民谋得媳妇。

当村民之间发生冲突时，村长是第一调解人。水来偷窥女厕，用柴棍儿捅上厕所的王云，被訾米逮着，叫出村长来论理。村长也不查验证据（訾米在女厕周围撒了灰，鞋子上有印迹），直接问水来："你老实给我一句话，是不是你？"水来当然否认。村长就让他回去，对他的责备是"男不跟女斗，你和訾米还吵啥哩"，转而又对訾米说："不就是偷看了一下么。"得知水来不但看，还用柴棍儿捅，村长的解释是："就算捅吧，他水来长这么大，他没见过么。"如是，一个典型的性骚扰事件，就这样不了了之。訾米除了生气，没有任何办法。

同时，村长也是村里的"大公鸡"，跟多名村妇存在着性关系。原则上，只要是女的，他都想搞。浑身酸臭且驼背的桂香，他不但不嫌弃，时常与之约会，还答应利用手中权力帮她弄到便宜木料。老树下、瓮缸上，都留下了他们偷欢的记忆。刚死了两个老公的訾米，他也不忌讳，半夜摸门子上去求欢，结果碰了一鼻子灰。

2.法律

圪梁村并非法外之地。黑亮能开小卖部，立春、腊八能种血葱，就意味着村民有财产观念，有商品交易能力，而非愚民、暴徒。

村长为给园笼买媳妇，找黑亮借手扶拖拉机，说明哪怕是村长，也有权力界限意识，并非土皇帝。

镇上有派出所，为追踪被盗的500米电缆，派出所所长便服进村搜查村民金锁的窑洞。村民跟买来的媳妇成亲，所长会出席婚宴。

从法律层面看，村民们都遵纪守法，除了一条——

不把女人当人看。

在他们眼里，女人是会说话、能下崽的奴隶，是家里的财产，是泄欲的工具，但不是人。立春和腊八分家时，争夺的是对眢米的占有权。村民讲起女人来，充满色欲和贪婪。马角打断买来的媳妇的腿，就像打断自家凳子的腿，无人追责。猴子等六人一起把胡蝶脱光供黑亮强奸，哪怕弄到血崩，也没人想到这是违法行为。

与此同时，女人孕育、乳养孩子，提供孩子一切需要的养分。她们尽了抚养孩子的义务，却没有冠姓权。黑亮声称自己爱胡蝶，却从来没有考虑过让渡冠姓权。

女人在田间地头劳作，但收成却按男人来分配，落入男人的名下。

女人为房子操劳，甚至为了便宜点儿的木料跟人发生性关系，但房子却属于男人。

女人在家里劳作，但登记户籍时，户主却是男人。

正是基于"女人非人"这一成见，以上不公不义才会被看作理所当然，针对女性的歧视和压迫才会被熟视无睹。

对人的界定有时候会构成社会的伦理底线，并深刻地影响着法律的设置和运行。派出所所长会为500米电缆来回坐8个小时的车，可谓尽忠职守。但他对杵到鼻子底下的人口买卖无动于衷，对发生在眼皮子底下的暴力、强奸、囚禁不闻不问。在解救被拐妇女的过程中，平时唯唯诺诺的村民甚至敢于暴力抗法。他们深信自己做的是对的，他们的良心很平安，他们不会为此自责或自疑。在他们的世界里，女人什么都可以是，唯独不可以是人。

而作者本人，是认同这一点的。虽然他自称最爱女性，但他谈到的乡村是男人的乡村，他谈到的农民是"男性农民"，他谈到的农村凋敝，是指那里不再有好用的女奴供男人驱使，为他们做免费孕母。作为生命主体的女性，压根就没入他的眼，也没被他当作人来看。他对"人"的定义是不包括女人的。虽然联合国世界粮食计划署在其《饥饿人口由哪些人组成？》一文中指出，"女性是全球主要的粮食生产者"，但一说到"农民"，人们只会想到"农民伯伯"，而不是"农民阿姨"。即便讲到穷人，大家也会条件反射似的想到了男穷人，罔顾女性是贫困人群的主体这一事实。

3.宗教信仰

首先是寺庙。圪梁村周围的六个山头上，原来各有一座寺庙，香火很旺，天旱祈雨，生病祷告，邻里纠纷争执不下，也都去寺庙里跪下发咒。1949 年后，寺庙坍塌了两座，"文革"时又烧毁了四座，和尚们被迫还俗，只剩西边梁上还遗留着残垣断壁。其中有一棵空心槐树，于是就有人去拜树，树上挂满了红布条子。这些寺庙拜的是什么神？这神是什么属性？有什么忌讳？村民们不知道，也没人在乎。但他们相信，只要给神唱戏，安顿好神，神就会保佑村子。

其次是风水。黑亮对胡蝶解释说，风水好的木头房子，木梁上会生灵芝；风水好的窑，顶上会有蜘蛛结出的网。他们对风水好的验证是：考上了镇中学，挖到了较多的极花，黄鼠狼叼别人家的鸡，母鸡天天下蛋，狗长寿，毛驴聪明。

由此可见，圪梁村的神并不是超验的神，并不许诺解救村民的灵魂，而更像是便利店、ATM 机或哆啦 A 梦，只为村民日常而世俗的需要提供服务。也就是说，村民们供奉和敬拜的，是他们自己的需求和欲望。黑亮的母亲每天在"天地君亲师"的牌位前点香，供上土豆，敬献极花，祈求将来的儿媳妇漂亮，结果，胡蝶果然漂亮。所以村里好多人家都开始在镜框里装极花并供在中堂——他们才不管买卖人口是否犯法。随着时间的流逝，人们记住了一些固定的仪式，却忘记了其中的缘起，于是，巫术产生了，并且遍布全村。

顺子爹死后，黑亮爹过去，结果尸体竟然坐了起来。老老爷就问，是不是猫到灵床上去了，得知没有，他接着又问，灵床边站没站属虎的人，黑亮爹说："天哪，我就属虎！"灵床上有没有猫或者边上有没有属虎的人与诈尸存在什么关联？老老爷并没有说，书中也没有解释。

村里有人丢失或外出不归，家人就把这些人穿过的鞋吊在井里，以期能寻到和早日回来。

辟邪要用媳妇的经血。

久病不愈是有鬼。

昏迷不醒要掐人中，压百会，瓷片子放眉心的血，在脚底熏艾。

被枪毙的罪犯鬼魂会作祟，于是其尸体被村人在坟上钉木楔，在旧窑上贴咒语。

将代表蛇、蝎、蟾蜍、蜘蛛、蜈蚣的五种豆炒着吃，能百无禁忌。

蜘蛛爬上人的脸，表示那人知道了。

胡蝶对巫术的描述是这样的：

"手的中指不能指天，指天要死娘舅。在大路上不能尿尿，尿尿会生下的孩子没屁眼。夜里出门要不停唾唾沫，鬼什么都不怕，就怕人唾沫。稀稠的饭吃过了都要舔碗，能吃的东西没吃进肚里都是浪费。去拜寿就拿粮食，这叫补粮，吃的粮多就是寿长，拿一斗也可拿一升也可，但要说给你补一石呀给咱活万年。牙坏了或剃了头，掉下的牙和剃下的头发一定要扔到高处去。生病了熬药去借药罐，被借的人家要把药罐放在窑前路口，借的人家用完了要还回去，药罐也只能放到被借的人家窑前路口。养着的猪长着长着如果发现尾巴稍稍扁平了，就要用刀剁掉尾巴梢，扁平尾巴会招狼的。窑前的院子或硷畔上千万不能栽木桩，有木桩就预示了这户人家将不会再有女人。"

充满各种诡异的禁忌和不可言说的神秘遍布圪梁村，渗透于每个人的日常细节。与巫术相比，医疗在村中几乎绝迹，除了煎草药、掐人中，没有任何医疗救助。现代医学更是与圪梁村绝缘。村里没有卫生站，没有大夫，也没有现代药物。胡蝶生产时，是请满仓娘来家中接生的；满仓娘生产时，则是在田地里自己用石头砸断了脐带。

4.家族

尽管书中没有明说，但圪梁村村民以黑姓为主却是可以想见的。书中没有提到姓氏的那些人，也很可能多为黑姓。其中的线索是这样连接的：

黑亮姓黑。村长说黑亮得管他叫大大，可见，村长也姓黑。

桂香想要便宜拿到放在戏台上的木料，得对村长进行性贿赂。

戏台和其中所放之物，不属于政府，而是族产。能行使处置权的是族长，而非村长。所以村长和族长为同一人。

在村里，让外姓人来兼任族长和村长是不可思议的。

所以，该村的大姓应该是黑。但宗族势力在村中的影响不大。宗族产业是村中公房，公房的楼上是戏台。土地承包到户后，公房就一直没用。1997年前后，黑亮出钱给村委会要了公房做小卖部。楼上戏台十多年没有唱过戏了，村民也没有公共娱乐活动。族产和宗族活动就这样消失在经济潮流中。

村中的惯例是父系大家族，比如黑亮家、拴牢家都是三代同堂。以男性为传承，建立家族谱系。女性进入家谱的唯一可能就是通过婚姻。这符合儒家的传统规制。女人受到尊重是因为她是父亲的妻子，而非孩子的母亲。二十四孝中常有对继母的尽孝，宋代对庶母的服丧规格也很高，但这样的规制，意在剥夺母权，把女人的生育与婚姻捆绑在一起，从而顺理成章地对其进行掠夺。所以，父权制家族的崩溃也总表现为女性缺失：黑亮娘采极花时失足跌下悬崖，金锁媳妇梅香被葫芦豹蜂蜇死，满仓有个儿子却没有提到其媳妇，顺子媳妇跟收购极花的人私奔了……事实上，女性的离开，使依赖剥削女性劳动成果而存续的父系家族迅速罹患"骨质疏松"症。

把逃跑的胡蝶拖回窑的人当中，有个叫"矮子"的。他在胡蝶腿上留下了指甲印，还在胡蝶头脑中留下了苍老的面庞和低幼的辈分的印象："那么老的脸，皱纹如沟壑纵横，却还把黑亮叫叔"。几乎可以做别人的爷了，却还管人叫叔，造成这种现象的，一是可能老年得子，二是可能多年娶不到妻子。结合实际情况，后者的可能性更大。到了适婚年龄却找不到女人，结果便造成了"辈分混乱"。

尽管这村子如此缺女人，男性村民们却仍学不会自省和换位思考。他们对自身性特征的执着已经到了近乎痴迷的程度：看见任何柱状物，就觉得是男性生殖器，并且认为这象征着生命和力量。但问题是，男性生殖系统既不能孕育，又不能分娩，更不能乳养，除了通过摩擦让自己达到生理上的高潮外，一无是处。无端地提高男性生殖系统的价值和意义，成为父权文化的共性，并以此来打击女性。当女人说要去挖极花时，男人们就起哄："男人都挖不到极花了，女人是比男人尿得高？"将"尿得高"与"挖极花"相对比，毫无端由，却被男性群体广为接受。

在村里，传说血葱能增强男人的性功能。村里有一句老话：一根葱，硬一冬。村长说："男人吃了女人受不了，女人吃了男人受不了，男人女人都吃了炕受不了。"因此继极花之后，血葱成为圪梁村的新的图腾。男人可以坦然谈论自己的性欲，并且要求得到满足，甚至为之犯罪都会得到广泛的同情。男人的性欲和性能力被提升到了神话的地步，能征善战且战无不胜。所以一旦阳痿，他们就会对自身的存在产生不确定性，会通过打骂、羞辱、凌虐女人来获得补偿性的快感。

而相应的，女性失去了性关系中的主体地位，成为被征服、被工具化的对象。圪梁村村民在骂架时，总喜欢这样羞辱对方："你骂着是让人日了吗，还是闲着没人日？"在他们眼里，只要是被插入方，都是可耻的。人们看待女性，就像看待物品。如前面所说的那个矮子就曾对黑亮说："噢，给媳妇买白蒸馍？！你媳妇身上自带了两个白蒸馍，你还给她买白蒸馍？"将女性第二性征的乳房说成白蒸馍，表现了与其年龄不相匹配的贪婪与无知。然而，把女人当作物品、资源，并不会让男人们有任何内疚。

承担生育和乳养任务的女性一旦得不到尊重，大家族所引以为豪的"秩序"和"伦理"便开始崩溃。圪梁村不是崩溃初始之处，却是崩溃终结之地——它滋生的不是生命、希望，而是千年来的父系罪恶。这些罪恶肆意弥漫、流淌，污染着圪梁村的日日夜夜。

通奸 村长在村里长期跟几个寡妇通奸，但村里没有哪个男人敢对此表示不满。

乱伦 儿子娶妻当晚，村民用灰抹黑要当公公的爹，把他的脸抹得越脏越好，以此警示他不可爬灰。这种风俗的背后，是公媳乱伦时常在这村子里发生的事实。立春和腊八则将訾米作为两人共同的妻。

兽交 有村民奸污自己家的毛驴，毛驴夜夜呻吟嚎叫。

性骚扰 水来在厕所里偷窥女人，并用柴棍子捅女人下体。但因得到了村长的庇护，没有承担任何责任。

家暴 麻子婶第三任丈夫是个半语子，动不动就打她。麻子婶到处找人哭诉，但从未有人将此当作一件值得谈论的事情，反倒觉得她家丑外扬不识相。

性虐待 妇女被拐卖之后，随之而来的是无尽的暴力——性暴力、肢体暴力、语言暴力。胡蝶被一群男人拖到窑前拳打脚踢，谩骂羞辱。他们把她踢过来踢过去，用痰吐她，扇她耳光，撕碎她上衣，拽去她胸罩，抓她全身。最后，他们将只剩一条内裤的胡蝶留给黑亮强奸。

监禁 胡蝶为什么不逃跑？因为她被监禁了。她的脚踝被拴狗的铁链子拴住，窗子也从外边用更大的锁子锁了，揭窗被彻底钉死，还在外边固定了交叉的两根粗杠。当胡蝶四顾无人，想要叫老老爷时，黑亮爹猛地一声啊欠，出现在碥畔的入口。山高地远，那些女人即便逃出去，也会遭遇重重困难。几乎所有村民都成了兵丁，时刻看守被拐妇女。

恃强凌弱 立春、腊八才死，村里人就开始谋算他们家的财产，包括他们的媳妇。刘全喜说："她（訾米）现在是寡妇，耙子你要能耐，能把她伴回家就好了。"张耙子说："这你得给我撮合嘛。"刘全喜说："你要硬下手哩。"张耙子说："我怯火她，这得慢慢培养感情。"刘全喜说："村里可有几个人眼都绿着谋算哩，等你感情还没培养哩，一碗红烧肉早让别人吃了。"

从刘全喜的话里可以看出，村民们都在觊觎寡妇的产业，并且这种谋算通常经由婚姻来实现，而先奸后婚的方式则往往被村里人所认可。

暴力抗法 当警方来解救被拐妇女时，全村抗击。平时懦弱嗫嚅的村民一下子都振作了起来，他们都知道，这个村庄是靠女人的骨头建立起来的，灶头上流淌的是女人的血液。一向猥琐的猴子喊道："你解救被拐卖妇女哩，我日你娘，你解救了我们还有没有媳妇？！"不要以为他们无知，在千万个日日夜夜里，他们早就浸泡通透了。

胡蝶看到的村里人是"有抢的有偷的，有睁着眼睛坑骗的，使着阴招挑拨的，贪婪，嫉妒，戳是非，要滑头，用得上了抱在怀里，用不上了掀到崖里，黏上你就把你的皮要揭下来，要吃你了连你的骨头都不剩！"而作者本人在接受《方圆》杂志采访时也这样描述村民："卖醋者在醋中掺水；人们用'极花'冒充'极草'来卖；所有的人都在觊觎血葱的经营权。他们偷奸耍滑、唯利是图，致使心灵变异。"

他们看到的都是个体的、外部的变异，而没有看到圪梁村在根子里的腐烂。我们仅仅用作者自己提供的"四条线"就可以将一整个父权系统提拎出来，而这个系统从建构的那一天就开始腐烂了。它没有造血功能和创生功能，所以只能通过控制有该功能的女人，让自身维持下去。为了实现控制女人的目的，它必须断绝女人除婚姻以外的任何活路。女人被欺压得没活路，难怪人们不乐意要女孩了，能堕的堕，能杀的杀。这时忽然出现一道小缝隙：女人可以出去打工了。

于是，村子里没有女人了，这个系统维持不下去了。作者不但借故事主人公黑亮的口来诅咒城市对乡村的掠夺，更在《后记》中为农村的男人呼天抢地："可还有谁理会城市夺去了农村的财富，夺去了农村的劳力，也夺去了农村的女人？谁理会窝在农村里的那些男人在残山剩水中的瓜蔓上，成了一层开着的不结瓜的荒花？或许，他们就是中国最后的农村，或许，他们就是最后的光棍。"

在作者看来，女人类似于财富和劳力，是供男人分配的资源。现在城市夺去了这些资源，导致了农村的男人没有资源可用。男人得不到女人，便没有后代，便要绝种了。绝种，好可怕。

别忙着同情。

即便到了这一步，圪梁村的男人们（包括本书作者）也没有想到要把人的权利还给女人。

出生权 性别女，不再成为致死和有病不治的理由。

教育权 性别女，不再成为辍学的理由。

生育权 生育与婚姻脱钩，愿意生育的女人能得到社会服务和政府补贴。

冠姓权 孩子跟母亲姓，因为在生育这件事上是母亲独自承担了死亡风险，是母亲付出了所有代价。

宅基地 女人跟男人一样，有自己的宅基地。

户主权 女人跟男人一样成为户主。

继承权 女儿跟儿子有一样的继承权。

…………

可是，圪梁村人毫无动静，他们一点儿也没有考虑过改善女性的处境，甚至连倡导男人提高家务和育儿的参与度的想法都没有。他们只是痛苦于没有女人可吃，而不想改变吃女人的行为。所以说，不是乡村没救了，而是村人没治了。他们吸女人的血上瘾，吸光了女人后，就惊恐地喊着要死了。他们能想到的是，国家给他们发一个媳妇，或让逃到城里的媳妇回来。他们至今都不肯明白，女人也是人。

四、虚空的人物

1.胡蝶之谜

整个村庄的风貌沿着胡蝶的主观视角，在她的心头盘旋纠结后流泻于读者眼前。说胡蝶这个人物是全书的钥匙，一点儿也不为过。那么，胡蝶究竟是一个怎样的女性呢？

（1）乡村的女儿

胡蝶出生在乡村。在她出生后好几年，她有了弟弟。因为弟弟才有冠姓权，所以父母的关注、家庭的投资都往弟弟那边倾斜。由于要料理家务和照顾弟弟，加上周围的人总说"女人读书读得好，不如嫁人嫁得好""女孩子读书到高中就不行了"，胡蝶的成绩在班里很一般。

如果你做题目做到一半，就要跑去给弟弟换尿布；如果你要等全家人都歇下了，才可能开始看书，然后又被告知因费油费电不能点灯；如果从来没有人为你分析你的资源和未来，鼓励你成就一番事业，跟你讨论梦想和远方……你的成绩怎么能够拔尖？

父亲去世后，家里只能供养一个学生。做姐姐的胡蝶顺理成章地成为千万个辍学女中的一个。母亲的理由是："女孩子学得再好将来还不是给别人家学的？"父权婚姻制度把女儿变成自己家的外人，也把媳妇变成丈夫家的外人。因此，女人从原家庭开始，就被钉在家庭结构的底层。当资源匮乏时，首先被剥夺的就是她们；当供应充足时，最后一个被满足的也是她们。谁叫她们是女人呢？无论在城市还是在乡村，均是如此。

辍学时的胡蝶到底有多大呢？书中说"弟弟还小，在村里初中读一年级，学习成绩一直在他们班是前三名，而我比弟弟大五岁，初中快要毕业，高中则要去十五里外的县城"。令人费解的是，弟弟已经读初一了，大他五岁的姐姐竟然还在读初三，难道不该是读高三吗？中间整整三年时间去哪里了？唯一的可能就是，胡蝶的入学时间被父母推迟了三年。因此，当辍学时，初中毕业的她已经18岁。

从出生到入学再到辍学，作为女儿的胡蝶，她的生命里盖满了农村的印记。而所谓的"农村的印记"，其最核心的DNA就是建立在"女人非人"之上的性别压迫。她生命中的每一次伤害和冲击，无不源于这个定义。而所谓的城乡，并无本质上的不同，差别仅在于与该定义的远近亲疏而已。

当胡蝶历经艰难终于回到城里的出租屋时，迎接她的不是接纳和拥抱，而是无情的指控——"丢人"。邻里间并未保持客气的距离，而是各自趴在窗口探询嚼舌根；报刊并未用打码和匿名的方式来隐藏她的真实身份，而是把她暴露在窥视之下；记者提问时充满了妄想，却对事实毫无反应。该有的心理辅导和创伤治疗在哪里？该有的职业技能培训课程在哪里？该有的姐妹会、互助小组在哪里？甚至该有的团委、妇联又在哪里？

无论在乡村还是在城市，让胡蝶受苦的，是一以贯之的性别压迫。她在乡村里遭受的基于性别的虐待，到了城里，只是换了一种方式而已。

（2）乡村的女人

书中开篇讲的就是被拐卖半年后的胡蝶，并透过她的眼睛来描写"乡村水墨画"。当有人趴在门缝上往里看时，"我就站在窗格里露着个脸让他们看，再转过身把后脑勺和脊背还让他们看，我说：看够了吧？他们说：真是个人样子！我就大吼一声：滚！"此时的胡蝶已经被拐半年了。贾平凹对她的描写明显太过用力，让被囚者显得精神亢奋，这显然缺乏合理性。

A. 令人费解的精神状态

圪梁村的胡蝶，思维极其混乱："老老爷姓什么，我判断他姓白，黑狗姓黑因为它是黑狗，而老老爷窑前葫芦架上开的是白花，老老爷就应该姓白。"显然，葫芦开白花跟老老爷姓白之间没有任何关联。那么，是她疯了吗？有可能，因为被拐妇女被活活虐疯的案例不在少数。但隐隐然，她又似乎在跟老老爷套口风，想要得知该地的位置。是她在装疯卖傻吗？也有可能。但装疯卖傻对她毫无益处可言，更何况这些都是她的内心独白，根本没有装的必要。作者在此处的写作设计十分令人费解。

B. 可疑的虚空

胡蝶这一形象更大的缺憾在于空洞。虽然有姣好的面容、雪白而笔直的双腿、城里人的身份、读过书的经历，但作为人物形象，胡蝶依然显得苍白无力。

在漫长的囚徒生活中，胡蝶的记忆中缺失了一个 18 岁女性该有的合理成分：

童年——母亲怀抱里温暖的气味，天空中渐渐放飞的风筝，长夜里唧唧虫鸣声中的故事，抽屉里珍藏着的漂亮石头；

食物——长辈递过来的水果的酸甜，炉火中烤红薯的浓香，午后从井里沥出来的西瓜在刀尖下应声裂开的咔嚓声，过年时在锤头下不断变形的糍粑；

季节——草色遥看冰凌初开的初春，小扇轻摇卧看银河的盛夏，落叶铿锵满树摇铃的金秋，雪落无声四野岑寂的严冬；

游戏——指尖绷紧粗线，等待挑成另一组图案，石头在泥地上画上房子，然后一一跳过，还有过家家、躲猫猫、过红绿灯……

校园——传达室、老树、黑板报、篮球场、讲台、粉笔、黑板、铃声……

还有一起成长又各自离散的小伙伴，还有水平有高低性情有差异的老师，还有课前背诵的诗与歌，还有每一篇都得默写的课文，还有讲历史讲科普讲童话讲传奇讲人物的各种各样的课外书，还有一路笑声一路歌声的春游秋游，还有梁上飘来的信天游，还有穿透云间的芦笛和麦哨，还有乡间的各种节日和应节的各种小吃……被囚禁在窑洞里的日子里，原有的记忆本该渐次从头脑中被激活、被牵引而出，彼此勾连纠结，慢慢堆叠嵌套，组成一个鲜活丰富且立体的精神世界。而现实中的场景、话语、细节，也会随时激活过往，点燃记忆，并照亮当下和未来。如此，胡蝶才能够以"人"的形象站立在读者面前，而不只是一个"人样子"。一个人走过的日子，不可能一片空白，就连他的鞋底都会讲述他曾经的路途。第一人称视角的最大优势，在于能自然、顺畅地表现人物的内心世界。可作者反而在这点上显得拙劣无比：人物内心全然处于混沌状态，18年的历程没有记忆，只有虚无，没有寒冷也没有温暖，没有光也没有暗，没有声音也没有音乐，没有与他人的连接，没有与自我的对话……胡蝶的表现更像是一个大脑记忆区域严重受损的病人，缺乏一个人物所应有的信息。除了"渴望城市的农村女性"这个标签，她没有任何内在的特质和属性。

主角是如此的虚弱和苍白，作者难辞其咎。他只是从胡蝶原型的父亲口中得知了"事件"，而对胡蝶这个"人"并无了解。更要命的是，他觉得父亲对18岁女儿的了解，就是这个女孩的全部，所以完全没有必要再对她做深入的探寻。

有记者问贾平凹："你有和被拐卖的女人接触过吗？"

贾平凹回答说："这个用不着我和这个女人接触，别人和我讲过这个女孩的情况，我比较熟悉。"（《北京青年报》2016年4月16日专访《贾平凹：我想写最偏远的农村与最隐秘的心态》）

在20世纪30年代，哈珀·李笔下的阿蒂克斯却说："除非你穿上一个人的鞋子，像他一样走来走去，否则你永远无法真正了解一个人。"

（《杀死一只知更鸟》）

哪个作者在写人物传记时，会认为"用不着"了解传主信息？哪个优秀作家在能拿到第一手信息时却仅止于第二手信息？贾平凹怎么会犯这种低级错误？

实质上，在这本书中，胡蝶既不是主角，也不是叙述者。她只是一个没有生命特质的窗口，用来展现农村的凋敝，用来反映农村男性无处安放的欲望。

C. 有罪的资源

包括作者在内，很多人下意识地认为：女人只是可供支配的资源，是用来满足男人欲望的。因为男人自己能占有的资源非常稀少，所以迫切希望女人这种资源廉价而高效，比如黑亮娘，漂亮、勤劳、能吃苦、能生儿子，而且话不多，这是多么好用的奴隶呀！

而胡蝶，作为供农村男人分配的资源，却是有罪的。

首先，向往城市生活，就是对农村的背叛。

胡蝶仅有的一些回忆，几乎都跟城市有关，18 年的农村生活在她头脑里几乎是一片空白。她每天洗头，她穿小西装和高跟鞋，她学说普通话，她宣告自己是城市人。作者不厌其烦地用各种方法表现她对城市的恋慕和渴望。可惜的是，她居住在城中村的出租房内，对城市最深的介入也仅止于买菜和逛街，她还没有在城市里赚到过一分钱，没有从城市中学到过任何知识，也没有在城市里交到过一个朋友，没有进入过一个社团，更没有以劳动创造的方式跟城市建立过联系，书中甚至都没有写她如何使用公共设施、欣赏公共艺术产品，以及对具体的城市同性的观察。说到底，她尚未真正进入城市，而只是像一颗 PM2.5 那样漂浮在城市上空，旋即被刮回农村。

但因为曾经在城市飘过，这个土生土长的农村姑娘在土生土长的农村男人眼里，就增了值。人们把她当城市女人来看待，黑亮也因此给人贩子多付了钱。黑亮们诅咒城市夺去了他们的女人，但当他们占有了"来自城市的女人"时，优越感却油然而生。这仿佛是男人们娶了外国的女人，便是为国争光；而女人们一旦嫁到了国外，便是道德败坏，是为了贪图荣华富贵。这种双重标准的基础，正是"女人非人"这个价值判断：女人被当作资源，由男性按照地域、民族、阶层、文化进行分配。一旦女人自己进行选择，不是伤风败俗，就是大逆不道。

其次，向往美丽，是为了增加性价值。

虽然人都向往美丽，但在作者看来，女性之爱美，是为了吸引男性，是以挑逗男性欲望为指归的。比如文中多次写到象征城市的"高跟鞋"，对胡蝶第一次穿高跟鞋的情景描述更是充满了男性的窥探诉求，与故事人物的心理体验和主观视角相悖。

"我穿上了高跟鞋，个头一下增高了许多，屁股也翘起来，就在屋里坐不住，噔噔噔地到街道去，噔噔噔地又从街道返回出租屋大院。"

初次穿上高跟鞋，首先会意识到平衡问题，眼睛紧盯着地面，两个手臂张开，以免摔倒；其次会努力适应和调整空间感，并开始一拧一扭地训练走步。大多数女孩都是在家里练习一段时间后才开始穿着高跟鞋上街的，而胡蝶初次穿上高跟鞋就跟火箭发射似的蹬蹬蹬地出了家门，蹬蹬蹬地走街串巷，这简直是神话啊！

个头增高，这明显是一种外部视角下的综合判断。其实，即便在穿衣镜里，你都无法看清楚自己个头的增高。穿高跟鞋的女孩往往通过跟同伴的比较、家具和其他物件的高低变化等来感受身高的变化，甚至可以说，身高变化并非她们穿上高跟鞋后的第一反应，她们更关注的，是穿上高跟鞋带来的身体比例上的变化，如看起来显得腿长、腰细等。她们会用"挺拔""精神""有气质"等词语来描绘自己，而不会用"屁股也翘起来"这种下流、猥琐的语言。事实上，只有猥琐的窥淫者，才会用性的眼光去解读女性的爱美行为。

再次，资源不配享受公共服务。

资源，只有被分配的资格，而不配享受公共服务。如果女人受到伤害，那一定是她自己不够谨慎，法律系统不会为她提供任何支持。在表达了不必跟胡蝶原型接触之后，作者紧接着说："这个胡蝶，你不需要怪她吗？你为什么这么容易上当受骗……我是说，要有防范能力，不为了金钱相信别人，就可能不会有这样的遭遇。"（《北京青年报》2016 年 4 月 16

日专访《贾平凹：我想写最偏远的农村与最隐秘的心态》）

胡蝶在此之前是否受过足够的安全培训？有没有公共部门教导过她如何防御、如何闪避、如何逃脱？如果没有为公民提供过安全教育，那么公共部门就不能推卸责任。然而，即便有了安全教育，当拐卖案件发生时，我们仍然不能指责受害人"贪恋钱财""缺乏安全意识"，而应竭力挽回他们的损失。这样简单的道理，作者竟然不懂，只因为他跟圪梁村人一样，把女人看成了男人的资源。

作者自始至终都没有站在胡蝶的立场上。当他酝酿提笔时，他站在父权的立场上；当他运墨落笔时，他站在夫权的立场上。胡蝶形象的虚空，也正源于此。她不是一个被试图理解的复杂人物，而是一个被抽空了细节和灵魂的容器，用于孕育男人的贪欲。在这一点上，本书的作者与圪梁村村民的价值理念高度一致：女人非人。

（3）乡村的母亲

母亲这一身份是胡蝶留在圪梁村的理由，她想念自己的孩子，虽然这孩子是自己被强奸后的产物。

胡蝶被拐到黑亮家的第一天晚上，黑亮就想强奸她。

"黑亮在第一晚要睡到土炕上来，我是撕破被单，用布条子把自己的裤子从腰到脚绑了无数道，而且还都打了死结。黑亮扑过来压在我身上，湿淋淋的舌头在寻找我的嘴，我掀开了黑亮的头，一用劲，翻身趴下，双手死死地抓着炕沿板。黑亮想把我再翻过来，就是翻不动，我的手，我的脚，还有整个腹部就像有了吸盘，或者说都扎了根，拔出这条根了，再去拔另一条根，这条根又扎下了。黑亮气喘吁吁，低声说：你不要叫，我爹我叔能听到的。我偏要叫。黑亮的手来捂嘴，嘴把指头咬住了，我感觉我的上牙和下牙都几乎碰上了，咯吱咯吱响，满口的咸味，黑亮哎哟一声抽出了手指，手指上带走了我一颗牙。"

在明知对方不愿意的情况下，黑亮完全是自发、主动地对胡蝶发起了攻击，最后因为胡蝶奋力反抗，黑亮吃了痛才不得不住手。

于是黑亮将胡蝶囚禁在窑洞里。当机会来临时，六个男人一起用暴力促成了黑亮对胡蝶的强奸。他们生生地将这个女人的魂魄压出窍，游离出自己的躯体：

"我看见了那六个人脸是红的，脖子是红的，头上的光焰就像鸡冠，一齐号叫着在土炕上压倒了胡蝶。胡蝶的腿被压死了，胳膊被压死了，头还在动，还在骂，还在往出喷唾沫，头就被那个八斤抱住，先是抓住两个耳朵，抓住又挣脱了去，后来就扳下巴，头便固定住了。他们开始撕她的衣服，撕开了，再撕胸罩，奶子呼啦滚出来。又解缠在腿上的布带子，解不开，越解结越牢……仰面被按在炕上的胡蝶，除了红裤衩，别的全裸了，他们鼓动着黑亮上，骂着你个窝囊鬼，上呀，上呀，你不上她，她就不是你的，她就不给你生孩子，你就永远拴不住她！"

胡蝶的孩子，就是这次强奸的产物。

这个孩子，见证了那夜被撕裂成千万个碎片的胡蝶，也见证了未来被封入琥珀的胡蝶。

圪梁村人之所以迷恋强奸，是因为他们笃信"她就不给你生孩子，你就永远拴不住她"。这句话转为肯定式，就是"只有让女人生了你的孩子，你才能控制住她"。其中蕴含的奥秘是——父权剥夺母权。

A. 女性是生育的唯一主体

生育是独属于女性的生命活动。是女人独自将一颗受精卵孕育成一个新生儿。女人承担了生育中所有的代价，所冒的风险也是顶级的。

男人没有生育功能。射精属于性活动的一部分，而非生育。

B. 女性因承受生育风险而必得的权利

首先，不生育的自由。如果生育的风险值高到顶值，强迫女人生育本质上就是强迫她去死。

其次，生育成果不被掠夺。孩子从母姓，用姓来感念母亲以血浇灌的恩情，这点并不为过。

再次，在抚养和教育孩子方面，社会应当给予母亲支持，譬如，以经济和服务的方式免除母亲陷于匮乏的恐惧，让其一个人也能很好地生活下去。

总之，实现婚姻与生育的分离，让孩子成为"母亲的孩子""社会的孩子""未来的孩子"，这才是正确的做法。谁付出代价，谁就得到权益；

谁得到权益，谁就该付出代价。

C. 作为奴隶的母亲

圪梁村的败亡是必然的，因为其运作机制违背了最起码的自然规律。四围千疮百孔的山岭，印证了圪梁村的土地伦理：只有掠夺，没有滋养，从而让自己成为故乡的强盗。而对待母亲的态度，则是这一伦理的根基。

没有一个男人为孩子流过一滴血，却没有一个村民会让孩子跟母亲姓。

没有一个男人在照顾、教养孩子，却没有一个村民会以母家为归依。

为了生孩子，母亲付出了死亡的代价，到头来却不过是个免费的代孕者。

母亲苦心抚养孩童，却得不到起码的教育资源。

母亲心系幼儿，却因缺乏经济支持而居于牢笼。

只要身为母亲，就得付出，就得经历苦难，就得做毫无意义的牺牲，并且，还得继续为生下的男儿捕获、驯养另一个新的母亲，俗称"新娘"。

这是生命中最为吊诡的悖论：女人以生命为代价创造了新的生命，这生命在腹中吃她的、喝她的，在家中吃她的、喝她的。女人生下的，其实就是她的仇敌。

生育，没有成为女人幸福的开端，反而成了女人灾难的根由。

因为，母权被剥夺是圪梁村悲剧的核心。

从尚未出生起，女性的生命就经历着一次次的劫难，人之为人的种种必要和必需，都如抽血般地抽离了她的身体。而这一切的最终结果是，母亲的权利被剥夺殆尽——上无片瓦，下无寸地，外无属于自己的时间，内无属于自己的精神领域，连腹中的婴孩，也将归入别人的名下。她成了最廉价的代孕女，最不用花钱的奴隶。

《极花》中的诸女性形象莫不如此。无论是訾米、麻子婶还是其他女人，在具体形象上都缺少生命的内核。她们不过是男性欲望投射在黄土高原上的影子，是凝结在叶尖上瞬间被吸干的露珠。她们作为资源、工具和牲口存在于圪梁村，尚未来得及展开人性的翅膀，试探罪恶与良善，测度贪婪与恩典，量定诡诈与真诚，就如极花那般被采摘殆尽。

扶贫者们总是想要给贫困者一个女奴，因为有了女奴，什么家务劳作、传宗接代、养老育儿的活就都可以完成了。至于女奴是不是人，他们并不关心。甚至，在他们看来，女人只有做好奴的责任，而没有成为人的权利。我几乎可以大胆地推测：贾平凹在有生之年不可能创造出健全的女性形象，因为他所了解的，无非是各种花样迭出的女奴，至于"女人"，超乎了他的经验，也超乎了他的逻辑和想象。

作者在接受采访时说："这个人贩子，黑亮这个人物，从法律角度是不对的，但是如果他不买媳妇，就永远没有媳妇，如果这个村子永远不买媳妇，这个村子就消亡了。"（《北京青年报》2016 年 4 月 16 日专访《贾平凹：我想写最偏远的农村与最隐秘的心态》）

作者的逻辑起点是"村子"，因为那里有他温暖的乡愁。他从村子里汲取了怀乡之泪，灌满了墨囊，保持着书写的力量。只要村子里有人，村子就活着；村子活着，他的写作就有根有基、可进可退。他 18 岁进了城，并从此再不肯重新成为"农村人"，无数的青壮男人都搏命似的要成为"城里人"并被看成奋斗励志的典范。而女人一走，却成了"背叛"。现在，女人们死的死，跑的跑，不肯再替村子下崽了。村子要亡了，他还能书写什么呢？

"村子的价值大于女人"，看起来荒诞不经，但是转换一下，"我的感受大于女人的性命"，"男人的性欲大于女人的生命"，却是赤裸裸的现实，反人类的现实。作者不去探索悲剧的根源，不去寻找失落的人性，不去触碰爱与平等所带来的可能性，不去直面人里头真正的深渊，而只顾叫喊着"给我女人"。

而真相则是，女人的牺牲无法填满人性中巨大的窟窿。圪梁村的荒芜，源于其经济模式的低级和低效，源于其对科教、医疗和文明的抵抗和抵挡，也源于其对女人的劫掠和侵吞，更源于其对怪力乱神的敬拜。"睡在哪里都是睡在夜里的"，从《废都》起，作者就扛着这句从别处摘来的句子四处招摇，这次也不例外。纷繁的创作难以掩盖他创造力的衰竭。作者的边界被稳稳地钉在了碥畔，但凡越过碥畔的事物、人心，都成为对其想象力的羞辱。不幸的是，他的创作世界，如同圪梁村的土地，也如同犯罪之后的伊甸园；更不幸的是，真正的圪梁村，不在黄土高原，而在人的心里。

无名的沉默者①

一、姓名的意义

姓是表明家族系统的字，氏是姓的支系，秦汉以来，姓氏就不分了。姓名，看起来很私人化，但它是社会成员相互区别的一个符号。

姓名与其所有者的关系，类似语言中的"能指"与"所指"，虽有极大的人为性和随机性，非天然必定，但也是非常密切的 —— 具体的人赋予自己的名字以实体内涵，并将它作为个体专用的独特代号。因此人们大多非常重视自己的名字，在宗族观念根深蒂固、姓氏文化异常发达的中国，这点更是如此。

文学作品中的姓名字号，不但作为作品人物而被区别标示，而且还能暗示人物的性格命运。

二、高中语文教材选文中女性称谓方式分类

母系社会之后，女性就失去了自己应有的世界而成为漂浮在男性天空中的几朵浮云。甲骨文中，"女"和"妻"均为人跪地状，表明了女性地位的低下。在男权社会中，被剥夺了各种社会权力的女性除了被规定为女人、妻子、媳妇、母亲等身份外，还被剥夺了自我的存在。她们为男人而活，以男人的一切作为自己生活的准则和生命的全部内容。

① 本文的写作，基于对 2000 年人教版高中语文教材上相关选文的研究。

她们往往没有自己的名字，即使有，也往往在出嫁之后被冠以夫姓，这充分暴露出男性中心主义和女性对男性强烈的依附意识。处在社会最底层的妇女，她们的姓名与男性有着千丝万缕的关系，在她们的名字里，我们可以看到社会对女性的歧视和她们的不公正命运。鲁迅是最了解封建等级观念对中国女性的残酷统治及毒害的。他曾说，古人把男人分为十等，最低等的男人是台，但是，"'台'没有臣，不是太苦了么？无须担心的，有比他更卑的妻，更弱的子在。而且其子也很有希望，他日长大，升而为'台'，便又有更卑更弱的妻子，供他驱使了。如此连环，各得其所，有敢非议者，其罪名曰不安分！"

称谓类别	称谓特征	典型例子
血缘身份	有姓无名	赵姬、卫老婆子、杜十娘、窦娥等，特例：翠翠
姻亲身份	姓名缺一	水生嫂、祥林嫂、赵太太、夏四奶奶、吴妈、华大妈、鲁妈等
亲属身份	无名无姓	祖母、母亲、妻子、妹妹、女儿、嫂等
类属身份	无名无姓	织女、龙女、大姑娘、静女、老尼姑等
完整身份	有名有姓	李香君、崔莺莺、杜丽娘、刘兰芝、鲁四凤、王淑芬、《红楼梦》中的部分女子等

从上表中可以看出，教材中，仅有六位女性和《红楼梦》中的部分女子具有完整的身份标识。此外，所有女性的身份标识几乎都与家族血缘、姻亲类属有关。

班固在《白虎通义》中说："人所以有姓者何？所以崇恩爱，厚亲亲，远禽兽，别婚姻也。故纪世别类，使生相爱，死相哀，同姓不得相娶者，皆为重人伦也。"姓表明了一个人的血缘承继关系，所以来自父系的"姓"，成为女性保留最为久远的标识。当然，她们也只能用"氏"来表示自己的血缘关系，并以此区分不宜婚嫁的族群，为男性种群质量做遗传学上的保障。而她们身上所担负的沉重与苦痛，却从未因姓氏的拥有而消失半分。《二十四史》中的数万女性，头顶着×氏的名号，用自己的血肉之躯承载着男性的道德理想，动辄自残自杀甚至在精神上自我幽闭。在交揉模糊、无名无文的女性血脉相承中，自成一个充满嘈杂的历史。她们屈从于父权宗族，在教条纵横的世间佝偻行走，背负着生活与生计的重压，并以青春的流逝和幸福的缺位去描绘男性的道德图腾。

紧跟在姓氏之后的，是对女性身份的再次确认。"姬""嫂""妈""娥""娘""女"等一系列以"女"为组成部分的字，混合着她们的姓氏，构成了社会对她们的所有定位。这些称谓的言下之意便是：这是吴家的老女人，那是窦家的女儿；这是赵国的姬妾，那是"杜家"的第十个女儿（按杜十娘在老鸨处的排行）……我们看到的，是一部摊开的族谱，上面纵横交错的，便是女人的全部。

至于出嫁之后，女人的姓名更是留下了一道深深的烙印，宛如奴隶被购买后，主人家给他打上的产权归属标记。水生嫂身份得以确认的唯一途径，就是她的丈夫水生。在搞清楚水生是谁之前，水生嫂的存在是没有任何意义的。鲁妈身份中唯一可以确定的，就是她是嫁入鲁家的女人，至于她的其他个人信息，则是一片空白。更绝的是"夏四奶奶"这个称谓，不但表明这个女人嫁给了夏家男人，甚至还清清楚楚地标注着：她嫁的是夏家的第四个儿子。女性仿佛是一个个零配件，按照工作流程一个萝卜一个坑地配给了各位男性。我们无从得知零配件的喜怒哀乐，也无从得知零配件的兴趣爱好，她们的个体是空白的、没有意义的，甚至连自己的语言也没有。

而她们的亲属身份却被做得温情脉脉。家族内部的称谓代替了女性的一切。文本显示的，往往是一个被囚禁在家庭中的女性——然而或许她还以此为乐，或者为荣。在纯粹以亲属身份进行称谓的文本中，我们无法发现祖母之外的祖母、母亲之外的母亲、嫂子之外的嫂子或妻子之外的妻子。她们以自己的言行为某种身份做着榜样：祖母的慈爱宽厚，母亲的含辛茹苦，嫂子的仁义忍让，妻子的顺从蒙昧……她们的一切行为，几乎都是以男性视角为自己的女性身份做下的经典注脚。而除了这亲属身份，谁也无从得知该女子的真实模样。她们的人格内核是不确定的，唯有套上某种身份后才具有了某种特性，她们唯一的人生任务，就是用自己的行动证明自己是符合那种身份的。也就是说，她们从来都是从属者、适应者，而非反抗者、特立独行者，更遑论创造者。

家庭之外的女性，往往被归入某种类属，如龙女、大姑娘、尼姑、静女等。这些类属本身所具有的特性，成为该女性的唯一特征。尚未进入家庭的成年女性，就像一个未被采摘的成熟果子一般，总会成为某些人的幻想对象，甚至被骚扰。她们是男性欲望的反映。这种现象背后所潜伏的价值观就是将女性物化，用"无主物"这个词语来形容她们是最恰当不过了。

结合上表，我们不难发现，在男权社会中，女性的自我只能是一种无名、无称谓、无身份、无话语的状态，要表述自己的梦，女性就只能借助于男性所创造的一切：名分、称谓、身份、话语、欲望，等等。

作为边缘者的女性丧失了言说的权力。"女性"这个符号之所以变得空白和不确定，是因为它触及了有关所有权的文本暴政，即政治权力、经济权力以及意识形态权力。在男性权力话语中，女性必须成为不在场的、无名的、不确定的空洞能指。

即便是教材中出现的六个完整的女性姓名，（《红楼梦》中的女性另行解读，本文暂且不表），也同样具有强烈的女性意象色彩——一种男性为女性规定的角色特征。

另外，虽然没有明文规定男性和女性如何命名，但是在长期的历史过程中，男性和女性还是形成了各自不同的用字范围。某个性别选用的字频率越高，另一个性别选用该字的频率就越低，在姓名领域的用字带有明显的性别标志。这种约定俗成的范围划分，表达了人们对男性和女性不同的人格期待。男性用字多集中在表达意志、操守，希望长生不老、升官发财的汉字上，如龙、华、武、毅等，女性用字则多与美物、女德有关，如香、莺、丽、兰、芝、凤、淑、芬等。容貌的美丽端庄和性情的柔顺贤惠成为文本世界中女性的最高理想。对女性容貌的过分关注，是将女性物化的一个重要标志，它使人们将女性的价值贯注于非人格因素之中，在对女性容貌的过度审美中忽略了女性个体的内在历练，甚至使部分女性不自觉地自我物化。正因如此，现代社会的选美活动越来越受到来自妇女组织的抗议。在台湾，甚至出现了以施寄青为代表的女权人士组织的男性选美活动，以此来表达她们的愤慨。对女性的道德要求，则限定在对男权的无条件遵守和服从上。贤淑忍耐、顺从服帖成为女性的道德准则。在作家为女性命名的过程中，他们已经在精神上阉割了女性作为生命个体的独立性。贝蒂·弗里丹在《女性迷思》中，便为女性被禁锢于家庭生活，单纯为人妻、为人母，且苦于一种"无名的难题"的状况而鸣不平。

三、正确看待教材影响

教材是传输知识、传播价值观念和意识形态的工具。孕育于社会文化之中的教材文化，对于个体及社会群体性别角色观念的形成具有重要作用。古今中外的教材，均在不同程度上存在着重男轻女、男尊女卑、男强女弱、男主女从的性别偏见。这既是社会文化影响的反映，也存在着扩大化倾向，从而再生和强化了社会性别偏见的观念，尤其是影响了青少年对所属性别角色的认同和归属，并使社会的性别偏见合情合理化，使女性在学习及职业发展上处于不利地位。

语文承载着人类创造的优秀文化，其本身就具有"文化"的特点和功用，语文课程具有"能以人类创造的优秀文化，尤其是本民族所创造的优秀文化来促进学生健康、和谐、自由的发展"的特点和功能。根据语文工作者普遍认同的说法，语文课程及教材中的情感价值取向涵盖了爱国主义思想、人格与价值观、人际和谐关系、社会责任观等内容，新的课程标准正是在这一思想指引下，在符合时代发展的价值取向的指导下，利用学科自身的优势，尽其所能地体现出学科的教育功能。此外，语文教育的一个最为显著的特点就是对人的灵性的诱发与培养，这种灵性是人在对语言文字的敏感性和感悟力方面所具备的潜在素质。它与人的想象力、创造力、好奇心、求知欲、幽默感等连成一体。

我们无法回避语文教材甚至传统文本中所传递出来的性别刻板印象对读者的影响。所谓性别刻板印象就是人们对男性或女性在行为、角色、人格特征等方面予以的期望、要求和僵固不变的看法。性别刻板印象在一定程度上反映了男女社会角色的现实，但同时也使这种现实合理化、固着化。

　　值得注意的是，性别刻板印象会使人们把某些行为特征与特定的性别人群联系在一起，并延伸至不应简单归因于性别差异的其他方面。这样的推断和延伸为现存的性别状况提供了合理的解释，维护了既定的社会性别秩序和角色分工模式，加大了男女社会性别的差异，强化了性别等级秩序，体现了以男性为中心的价值观。正是这种价值观塑造了定型的女性性格：较强的依赖性和从属性，精神上痛苦而麻木，守着欺凌与煎熬却只知逆来顺受，不知道反抗。正如西蒙·波伏娃所说的："人类是以男性为中心的，男人不就女人的本身来解释女人，而是以他自己为主相对而论女人的，女人不是天然进化发展形成的一种人类。"鲁迅从人名中体会到命名所传递出来的社会性别差异，尤其是性别价值期待对女性潜移默化的影响。由于封建社会对女性根深蒂固的歧视和约束，女性注定在社会中饱受凌辱，毫无自由可言。

油麻地，我不去

—— 评曹文轩的《草房子》

在获"国际安徒生奖"之前，作为儿童文学作家的曹文轩就已经很有名了。他的儿童文学代表作《草房子》从 1997 年初版，已经再版了 300 次，总印数也达到了 1000 万册。除了市场表现卓越，这本书还获奖累累：国家图书奖、冰心儿童文学奖、中国作协第四届全国优秀儿童文学奖、第五届宋庆龄儿童文学奖，等等。而且在各级各校的必读书单、推荐书单上，屡屡可见《草房子》。影响如此之大的一本书，究竟在讲什么呢？

故事发生在作者虚构的一个江南村小"油麻地小学"。桑桑在一年级时随做校长的父亲桑乔来到油麻地小学，开启了自己的小学旅程，1961 年 8 月从小学毕业后，再次随升级成为中学校长的父亲离开。在这过程中，桑桑从一个四处搞破坏、热衷于得到他人关注的孩子，变为鸿雁传书的信使（白雀和蒋一轮）和孤独边缘人（细马）的唯一伙伴，并在患上绝症后成为以利他为己任的"五好少年"。

全书共分九章，分别塑造了以桑桑中心，包含陆鹤、纸月、杜小康、细马等人的儿童群体，和以桑乔为中心，包含白雀、蒋一轮、秦大奶奶、邱二妈、温幼菊等人的成人群体。而草房子所代表的油麻地小学，则是这两大人群展开故事的环境和背景。在作者诗意的笔触下，青山秀水，桑麻遍地，人情温暖，远离运动折磨、经济贫困、阶级斗争和亲人之间的互相攻讦，似乎邻里相亲，宛如人间天堂。

几乎所有对该书的评论都强调这是一部"讲究品位"的书，"格调高雅，由始至终充满美感……荡漾于全部作品的悲悯情怀，在人与人之间的关系日趋松懈、情感日趋淡漠的当今世界中，也显得弥足珍贵、格外感人。"

一连串的抽象词语层层堆叠，让人感到高深，同时又感到莫测。不如我们像 2010 年曹文轩接受采访时所表达的那样，"回到非常朴素的立场上，回到原始的发问，回到常识性的问题上来"。这样"有品位"的世外桃源，是否经得起审视？

一、生态分析

1. 家庭残缺
文中所涉及的家庭，除了主人公桑桑的父母健在外，几乎家家伤残破损：

陆鹤：有父无母；

杜小康：有父无母；

纸月：无父无母；

白雀：有父无母；

温幼菊：有父无母；

邱二妈：有夫无子，没有说到父母；

秦大奶奶：无夫无子，没有说到父母。

主人公一家成为油麻地唯一成员都健在的家庭，这在日常经验中是非常罕见的。母亲的不在场在书中年轻一代中非常普遍，但母爱的匮乏却并没有在文中得到表达，这暗示着母亲是不被需要的。

2. 以父为姓
未婚人群中，大家无一例外地沿袭父姓，只有父亲才拥有给孩子冠姓的权力。

无论是桑桑、杜小康还是白雀，都承袭了父亲的姓氏。

温幼菊虽然父母双亡，但得到了父系的认可，获得了父亲的姓氏，于是就有了完整的姓名。

纸月因为没有父亲，便没有了姓氏，成为全书中唯一一个有名无姓之人。在故事里，没有人向纸月提出过姓氏的问题，也没有人在背后议论过，这暗示着在油麻地不但随父姓是惯例，就连没有姓氏也是常态。作者并没有考虑让纸月从母姓，或者从外婆姓，虽然中国上古的传统就是冠母姓。

而陆鹤虽有父有姓，却因为秃头而被同龄人称为"秃鹤"。这给他造成了极大的痛苦。最后，秃鹤用自己的"努力"赢得了别人的认可。

3. 以夫为姓

故事里的已婚女性几乎都失去了自己的名字。她们非常明显地被排列在繁衍的序列里，该是当妈的年龄了，就叫作某某妈；该是当奶奶的年龄了，就叫作某某奶奶。

妈妈就是妈妈，没有名也没有姓。不但对孩子来说如此，对村里其他人来说也是如此，这是谁谁谁的妈妈，但没有人关心她们本来姓什么、叫什么。

邱二妈，因为嫁给了邱二爷，所以就加上一个"妈"字来表达身份。她自己原有的姓、名全都不见了。无论邱二爷多么爱自己的妻子，都无法让妻子获得自己应有的姓名。

秦大奶奶，也是因为嫁给了秦大，就被如此称呼。作者并不在乎她从哪里来，原本是什么姓什么名，只要嫁给了某人，就成了某妈某奶。

而纸月的外婆就是外婆，无名无姓。

没有人提出疑问，没有人表示抗议，油麻地里每个人都默默认同。女人在家从父，出嫁从夫，这是油麻地不可动摇的潜规则。

二、女人河

《草房子》里出现的女性形象，可以说构成了从幼年到成年、老年，直至死亡的完整过程，每一个人都表现了女性生命中的某个阶段或某种状态。书中男性的苦难来自天生疾病（陆鹤）、突发疾病（桑桑）、意外（杜雍和、杜小康）和父母意志（细马），而他们几乎无一例外地以自己的方式进行抗争，并且都获得了胜利，展现出男性的勇气和坚毅。但女性就不同了，除了桑桑一家外，油麻地的女人无不在苦难中挣扎，而这些苦难全部源自父权制。

1. 亡亲少女：纸月

与桑桑同龄的纸月，母亲自杀，父亲是谁始终是个谜。她的痛苦来自"非婚生"的背景。

纸月之所以来到油麻地，是为了躲避家乡板桥的小流氓。纸月的投靠有多坚决，小流氓的骚扰就有多厉害。但在桑乔启动公权惩治小流氓之前，公共治安部门如同不存在，邻里乡情也一并人间蒸发，任由霸凌一次次发生，任凭纸月一次次陷入绝望。没有父系的靠山，少女就成了人人得而食之的佳肴。

但作者并没有发出对邪恶的痛斥，而是强调受害者的白和她的弱。甚至连作者自己都意识到纸月的"白"是不合理的，"不太像乡下的小女孩"。纸月身体柔弱，心里却充满诗情画意，表现出一种无法自我保护的、迫切需要救赎的、弱质的美。她成了一个舞台，用以展现桑桑英雄救美的勇毅。

作者安排纸月跟着一个还俗的和尚走了，离开了油麻地。如果她不走，在油麻地，她能获得幸福吗？

2. 恋爱女：白雀

十八岁的女性白雀自然也是又美又弱，而她的痛苦却来自爱情，来自父权和夫权的争夺。

她在桑乔组织的活动中，和学校教师蒋一轮相恋，但遭到父亲白三的阻挠。经过漫长的书信往来后，这对恋人最终被拆散。

白雀对自己的命运无能为力，因为蒋一轮除了写信并让桑桑送去之外，没有采取任何积极的行动，也没有做任何有益的争取。尽管文中一再表明白三的执拗、顽固，但蒋一轮的毫无行动力也是铁板钉钉的事实。在父权和夫权的争夺战中，白雀进退维谷。

当白三看到自己相中的准女婿一颗一颗地数饺子，便毅然断绝了亲事。他没有看走眼。蒋一轮在另娶他人后还跟白雀纠缠，让"瘦小温顺的山羊""瘦如薄纸"的太太陷入了深深的绝望。他骨子里的怯懦、自怜和贪婪注定他无论跟谁结婚，都将成为谁的噩梦。

最后白雀离开了油麻地，投奔自己的母亲。如果白雀依然留在油麻地，会不会跟蒋一轮纠缠一辈子、背负一辈子情债呢？

3. 病女：温幼菊

作为书中唯一的职场女性，温幼菊没有因知识而得到自由，却因疾病而收获福祉。

油麻地的女性没有不结婚的自由，但温幼菊却因病而得逃其难——不能承受生育的身体，不在婚姻猎枪射程之内。既没有父权压制，也没有夫权掌控，还有一份足以养活自己的稳定工作，但凡她有些个心气梦想，总还是可以做点儿事的。但作者并不愿意让她拥抱这份自由，知识本该带给她的远方，都被埋进药罐。

她本该是全书中最有活力的一位，却是生而向死，靠药而存，半死不活。她的手"细长""薄而柔软"，总是"轻轻地"，她的居所叫"药寮"，讲课如同催眠，交谈如同梦呓，并唱着有魔力一般的无字歌。现代知识的明亮，不幸让位于原始巫术的幽暗。

她在桑桑身患绝症之时介入，成为桑桑的帮助者，鼓励桑桑"不要怕"。但是，不要怕之后做什么呢？她孜孜以求的，就是活着。她几乎没有跟其他人发生过深度的关系，甚至可以说，她游离于整个油麻地。

4. 绝户：邱二妈

照例邱二妈年轻时是当地最美的女子，到了五十多岁还"很有光彩"，有一个幸福的家庭，"好房子、好庭院、好家什"。

作者铺垫完这一切后，笔锋陡然一转："但这个家有一个极大的缺憾：没有孩子。"

正是这一点，导致细马这个侄子过继到这家，导致各种家庭矛盾的发生，以至于邱二爷去世、邱二妈发疯。"在家从父，出嫁从夫，夫死从子"，对女性严丝合缝的人身控制是不能缺失"子"这一环节的，这也是邱二妈的悲剧之所由。在作者建构的油麻地家庭图景中，女性是不允许单门立户、独立行走的，无论折腾得怎样鸡飞狗跳、家破人亡，女人是非要有个儿子不可的。女人光美还不够，还得有个好爹；光有好爹不够，还得有男人爱；光有男人爱还不够，还得有个儿子。男性成为女性的祈望和救赎。

所以，当邱二爷去世、邱二妈发疯后，原本打算回家的细马折返过来，找到邱二妈，照顾邱二妈，医治邱二妈，而邱二妈竟奇迹般地好了。细马找回邱二妈的那段描述尤其意味深长 ——

> 细马满身尘埃。脚上的鞋已被踏坏，露着脚指头。眼睛因为瘦弱而显得更眍，几颗大门牙，显得更大。令人惊奇的是，邱二妈仍然是一副干干净净的样子，头发竟一丝不乱。人们看到，那枚簪子上的绿玉，在霞光里变成了一星闪闪发亮的、让人觉得温暖的橘红色。

养子成功地驯服了死也不肯接受他的养母，并且表明他可以接过"丈夫"的接力棒，继续照管她，从而完成"夫死从子"这最后一环。而象征邱二妈精气神的那块绿玉，也从青葱转为琥珀，正式进入夕阳红。

三、西王母

从幼女到少女到婚恋生子，女人始终在男性手中辗转，围绕男性而动，这似乎是一个循环闭合的圆环。但总有一些"化外"之人，让这圆环无法收服所有的女性，比如秦大奶奶。

书中介绍，油麻地小学本来是属于秦大奶奶和她丈夫的，他们用了几十年的劳苦心血换来这片土地，开荒种地，把房子建在这块土地的中央。

然而还没等到收成，秦大就去世了，剩下秦大奶奶一个，他们没有子女。地方政府要征地建小学，"厚道"地给秦大奶奶在别处盖了房，但她不要，"她只要这片土地。她蓬头垢面地坐在地上：'你们打死我吧，打死我也不离开这里！'"没有子孙使她无所畏惧。

在地方政府的号召下，全村老小出动，民兵架起秦大奶奶，强行拖走号哭求救的她，关进别屋。当她弄断窗棂，跑回自己家时，家已经不在了，地上的粮食也不见了。像大部分遭遇暴力拆迁的人一样，秦大奶奶一路上访，并迅速衰老。

作者对此的评价是"油麻地的事，当然只能按油麻地人的意志去做"，然后就兴高采烈地开始描述油麻地小学的欣欣向荣。而秦大奶奶则蜗居在小学的一角，像幽灵一样在校园里出没，向来往的人宣告自己对这片土地的主权。

这个有着蓬勃生命力和个人意志的女性，在全书孱弱苍白的病态女性群体中显得熠熠生辉，如同西王母般充满力量。她一无所有，没有父亲、没有丈夫、没有儿子，只有这片土地。但她个人的权益在油麻地民众意志、地方政府命令面前，就像一根蛛丝那样被轻轻拂去。作者完全没有意识到，在这个故事中，秦大奶奶的合法权益受到了侵害。私产的合法性，其重要性远超过任何一届政府、任何一个政权和任何一处村寨，它是整个人类文明得以建立的根基。秦大奶奶的存在时刻提醒着油麻地小学的所有人 —— 无论你多么辉煌，你都是不合法的。

所以，秦大奶奶必须除灭。而且，不能只从肉体层面除灭，还要从意志、情感层面全面杀死。

在作者的设计下，桑桑用一声"奶奶"打通了通向秦大奶奶的道路；秦大奶奶用救活落水女孩的方式回到了油麻地的"女人中"；最后秦大奶奶为救小学的一个南瓜而溺死。在这结构中，桑桑的那一声"奶奶"，实质上是"父 —— 夫 —— 子"控制系统的升级版。这样的控制生效之后，坚守个人权益的秦大奶奶为了利他而献出了生命。她回到了油麻地的女人当中，也回到了油麻地女人的命运当中 —— 她不得不死。

让这样一个有着雷霆之怒的女性为一个南瓜而死，使得她之前一切刚烈决绝的抗争都成了笑话。当然，这也是她跳河救落水女孩的故事升级版：上一次是救人，这一次是救南瓜。秦大奶奶的故事就是一个关于交换的故事：给什么都不换→用老命换小命→用老命换物品。西王母一样的人物，最后死于南瓜。油麻地对女性价值的态度，可见一斑。

从某种意义上讲，桑桑叫响的那一声"奶奶"，不啻为秦大奶奶的丧钟。

四、少年树

桑桑毫无疑问是作者精心设计出来的核心人物。他充满力量，想象丰富，穷尽一切可能使自己与众不同。作者赋予了这个男孩所有他对人类的美好期待和想象。在书中，桑桑从最开始的调皮捣蛋，到后来尽心竭力地帮助他人，他的成长之路串起了所有人物的关联点，成为诸多人物苦难的见证者，是油麻地人物关系网的中心点 ——

在他最顽皮的时候，他也在小心呵护备受欺凌的少女纸月，是纸月唯一的童年异性伙伴；

他为情窦初开的白雀传递情书，是白雀和蒋一轮之间唯一的送信员；

他是外来男孩细马唯一的好友，是油麻地唯一能和细马说得上话的人，他和细马一起挖柳树根；

他是红门娇子杜小康唯一的竞争者，也是红门破败之后杜小康唯一的好友，他卖掉了心爱的鸽子以资助杜小康；

他是老年女性秦大奶奶通向世界的唯一通道，他勇敢地走近秦大奶奶，用一声"奶奶"将秦大奶奶带回了油麻地社会；

他在罹患绝症之后，身上的道德属性更是狂飙猛进："帮细马看羊，端上一碗水送给一个饥渴的过路人……他甚至为羊，为牛，为鸽子，为麻雀们做任何一件事情"。他不顾自己的孱弱，背着妹妹去古城墙看风景……他乐意向任何一位受困者施加恩慈，做一个以利他为唯一目的的"好人"。

但是，作为人物形象，桑桑的致命缺陷也正在于他的过度完美。作者说："桑桑具有至高无上的神性，他是落入凡间的精灵。"[①] 如果说全书开头活泼捣蛋的桑桑让人开怀畅笑，那么，之后那个近乎神明的桑桑则离生动活泼的形象越来越远，难以呈现人性的复杂和丰富。更令人感到窒息的是，桑桑尽管在道德上趋于完美，但他却是一个没有远方的孩子。

在作者笔下，他很少像同龄顽童那样提出问题，戳破成人世界的虚伪；在家庭之外，他很少有实质意义的特立独行，背离成年人的道德规训；他几乎没有讲述过自己的梦想和未来；他几乎没有跟成人世界发生过真正意义上的冲突；在生病之后，他也没有在与病同行的路上，追问过疾病的意义和价值；在自己和他人受苦的时候，他似乎完全没有经历过内心的纠结、困惑和愤怒；甚至在死亡的边缘，他都未曾开启过生与死、今世与彼岸的思考……似乎作者将桑桑塑造得越完美，他所承受的压力就越小。然而，桑桑身上所散发出来的力量，在巨大的道德光环下越来越微弱，在那么多研究《草房子》的报告中，桑桑的形象几乎就是几个形容词的不断堆砌叠加。作者创造了桑桑，也扼杀了桑桑。

五、父亲山

相比之下，观察桑桑背后的力量 —— 桑乔 —— 则更能帮助读者认识油麻地的内在秩序。

桑乔是随着桑桑进入读者视野的父亲，同时也是油麻地小学的校长。父权和公权两股力量在桑乔身上合流，但作者一开始就将之撇清："桑桑与别的孩子不大一样，这倒不是因为桑桑是校长的儿子，而仅仅只是因为桑桑就是桑桑。"桑桑之所以能帮助许多人，自然是出于他的爱心，但其力量却来自他所倚靠的父亲，和父亲所拥有的公权力。

桑乔本是一个猎人，"只断断续续地念过一年私塾"，在打猎中训练得"嗅觉特别灵敏""皮肤是烟熏般的黄黑色""在时刻可见的鄙夷的目光里长到二十五岁"，但是他厌恶打猎，也厌恶猎人这一职业，更厌恶猎人所

[①] 曹文轩. 草房子 [M]. 武汉：长江文艺出版社，2006:254.

受到的歧视。他渴望成为文化人，渴望被尊重，渴望被主流文化接纳。他抓住一切时间和机会学习知识，刻苦操练，终于向人证明了自己的能力，并逐渐成长为校长。成为校长的桑乔非常斯文：头发梳得一丝不苟，浑身上下无一丝灰尘，裤线折得锋利如刀。

在父亲与校长的身份上，桑乔几乎把所有力量都投给了校长。他严管教师的作业批改，他看到纸月的文采时暗自为学校得到这样一个苗子而高兴，他为校园秩序而驱逐、安置秦大奶奶，他为学校出名而从班级开始做层层竞赛的文艺汇演。他是油麻地小学的建设者、管理者和守护者，他把所有的时间和精力都用在校长这一职务上。他看重上级对油麻地小学的评价，竭尽一切可能赢得荣誉，并小心翼翼地保存这种荣誉的可见证明。

而他之所以能支持桑桑帮助别人，也是倚靠他手中的公权力和自己的官家身份。是桑乔制止了桑桑一开始对陆鹤的戏弄，也是桑乔在排戏中创造了机会使陆鹤重新被大家接受；是桑乔敞开了校门，接纳逃离板仓的纸月，也是桑乔以校长的身份联动地方政府警告骚扰纸月的流氓；是桑乔因为排《红菱船》而牵连了白雀和蒋一轮；是桑乔动了怜悯心，让秦大奶奶在被驱逐的过程中得以安居；也是桑乔接纳了流转别校的蒋一轮重返油麻地小学。甚至若不是桑乔是个校长，桑桑很难有条件调皮捣蛋而不被他人排斥，很难有条件饲养鸽子并卖鸽助人。可以说，桑乔是桑桑的靠山，也是桑桑活力的来源，是桑桑的成人副本。

六、男儿村

在这一阶段，管教桑桑的工作基本都是由妻子来完成的。桑桑犯错之后，别人说的总是"桑桑，你又要挨打了"，显然，他挨的是妈妈的打。甚至当妻子指出桑桑脖子后有个肿块时，桑乔仍是置若罔闻，在长达两个月的时间里完全无视。直到桑桑毁了他的荣誉笔记本，遭到暴打之后发病，桑乔这才发现了桑桑的疾患。

儿子得了绝症，这一事实使桑乔从官家身份中醒来，回到了自己的家庭身份。他抚摸着儿子的身体，带着儿子四处求医，给儿子买零食，和儿子聊天，所有作为父亲该做而没有做的事情，他都在儿子得病后为儿子做了。失去儿子的恐惧使他重新成为父亲，也使他重新接纳了自己过去的猎人身份，他换上猎装，带上猎枪，穿过校园，不顾他人的猜疑和惊呼，带着儿子完成了狩猎梦想。可以说，桑桑得了病，被治愈的却是桑乔。

但比公权更重要的是什么呢？在得到神医之助，让儿子服下汤药后，桑乔的表现尤其值得玩味。

> 七天后，桑乔亲自跟着桑桑走进厕所。他要亲眼观察桑桑的小便。当他看到一股棕色的尿从桑桑的两腿间细而有力地冲射出来时，他舒出一口在半年多时间里一直压抑于心底的浊气，顿时变得轻松了许多。

在20世纪五六十年代的乡下，厕所不似今日这般整洁，往往照明不足、光线不好，并充满各种令人不悦的气味。如果单纯从关心孩子健康的角度看，桑乔完全可以用一个干净的容器来接桑桑的尿液以观察药效。但他选择跟到厕所里，亲自观看桑桑撒尿的过程。只有立式撒尿，才能使他完成这一观察。显然，桑乔对桑桑所采用的观察方式，针对的是男性的特定的动作。

卸下校长身份、回归父亲身份的桑乔，在儿子命悬一线之际，专注的是男性生殖器、排泄口。他紧盯着儿子两腿之间，充满期待和忧虑。当棕色尿液"冲射"出来时，他心底郁积的"浊气"也同时冲射了出来。那么这种"浊气"究竟是什么呢？家中柳柳是无法让父亲纾解浊气的，只有男孩才被看作后嗣，只有拥有男孩才能立后，只有男孩才能让父亲扬眉吐气。

猎人身份无法使桑乔得到满足，因为猎人只能征服自然；校长身份能让桑乔有荣誉感，因为校长代表公权；而与这二者相比，对男性后嗣的确定则能带给桑乔今世的平静与安稳。这就是油麻地的终极价值所在：公权胜于自然，阳具胜于公权。

据此，油麻地一切的疑问都可以得到解答：

油麻地的家庭为何总是缺失母亲？因为在男性崇拜的文化下，成为母亲的女人依然没有幸福。

油麻地的姑娘们为何大多选择离开？因为在男性崇拜的文化中，姑娘们没有出路。

油麻地的女人们为何大多沉默，就算唱歌也只是唱那些无字歌？因为在男性崇拜的文化中，女性没有语言，也没有歌。

油麻地的女孩们为何都那么美丽，却又那么苍白、柔弱？因为这里并不欣赏女性的力量，也不接纳女性的缺憾，这里不是她们的故乡，而是她们的牢笼。

作者在建构油麻地这一虚拟村小时，动用了他对美好的所有想象。但这美好，并不包含女性。

七、成人戏

"曹文轩的作品书写关于悲伤和苦痛的童年生活。他的作品也非常美丽，树立了孩子们面对艰难生活的挑战的榜样，能够赢得全世界儿童读者的喜爱。"国际安徒生奖评委会主席帕奇·亚当娜这样点评。

在亚当娜的叙述中，儿童是作品的主体，也是阅读的主体，儿童的视角和体验是作品的魅力所在。那么，在《草房子》作者的眼中，儿童究竟有多重要呢？

曹文轩在谈到自己为何要坚持创作儿童文学时说："儿童文学、儿童视角能帮我实现、达到我向往的东西，满足我的美学趣味。这可能是我选择儿童文学的重要原因，其实还真不是单纯地去为了孩子写东西。我发现当我站在儿童视角，一旦投入到那个语境之中，整个故事的走向就全部改变，就像产生了很不一样的化学反应。"

在他的陈述中，儿童文学、儿童视角都成了"实现""达到""满足""我"的路径。也就是说，在作者眼里，儿童只是器具，而非目的。这与《草房子》中桑乔的逻辑如出一辙。桑乔从县文化馆拿了剧本，让小孩来演大人戏："你想想，一个八九岁的小男孩，戴顶老头帽，叼着一支烟袋，躬着个身子在台上走；一个八九岁的小女孩，穿一件老大妈的蓝布褂儿，挎着个竹篮子，双手扣着在台上走，这本身就是戏。"戏依然是成年人的戏，只因为是儿童扮演的，所以能散发出特别的味道。

在书中，纸月遭受性骚扰、杜小康家败父病、细马卖树养羊照顾母亲、桑桑罹患绝症……孩子们所承受的苦难叫读者揪心，而作者关注的，却不是苦难对人的捆绑，尤其是对儿童的影响，也不是对苦难本身的反思，而是如何用儿童去绑定读者。

作者对油麻地的这种生态抱持着赞美和敬拜的态度，他接纳油麻地上的苦难，欣赏人们在苦难中的辗转挣扎，却并不打算断绝苦难之源。柳柳的沉默、纸月的受欺、白雀的出走、邱二妈的疯癫、秦大奶奶的放逐与死亡，这些无一不来自男性崇拜系统带给女性的结构性压制和逼迫，但作者对此从未有所觉察。他用优美、诗化、有品位的语言描绘女性的受难，高声颂赞男性施加给女性的援助和救赎，却未意识到以男性为中心的价值体系才是这一切不幸的根源。作者由衷地赞美男性身上所散发出来的力量和光辉，却没有省察到，正是男性的欲望和恐惧构成了女性群体乃至儿童群体不幸的基本动力。

这种自我启蒙的缺失仍在持续。当作者在获奖后归国接受媒体采访，回应自己塑造的女性多为弱质这一问题时，曾经说："我喜欢温柔的女孩，难道这是我的性别观很落后吗？安徒生很落后吗？安徒生刻画的所有女孩都是柔弱的女孩。我想问那个人，你还记得《卖火柴的小女孩》吗？"

或许作者对安徒生的认识也是止于他所定义的"儿童文学"，因为安徒生笔下的女性角色，一点儿也不"柔弱"。比如，《野天鹅》中的公主艾丽莎，安徒生可一点儿都没把她往"柔弱"里写：论财富，她的一本画册就抵得上半个王国；论容貌，她比玫瑰花儿更美；论信仰，她比圣诗更虔诚；论力量，她的善良和天真不但能拒绝被污染，还能让愚笨、丑恶和罪恶失去对人的影响。她承担了肉体的伤痛、失语的悲哀和火刑的威胁，将十一个哥哥从天鹅的躯体里拯救出来，恢复了他们的自由和尊荣。随便一翻安徒生的童话，我们都可以看到那些意志如铁、行动如风的女性。卖火柴的小女孩所祈望的是天国而非油麻地，她绝不向人间的男性寻求救赎；《海的女儿》中小公主所真正渴求的，是"灵魂"而非男人的爱情；拇指姑娘所坚持的，是彼此都能在对方身上看见更深的自我……这些深入人心的女孩是这个世界真正的主角，也是完整意义上的"人"。

而本土男性作家则普遍将"人"的定义局限于"成年男性"，儿童也好，女性也好，都被自然地摒除在人的定义之外，从而无法获得一种主体性地位。正是这一点，使得他们所塑造的桃花源在山清水秀之下，常有着让人窒息的压抑感。或许在不久的将来，他们能从自身的身份中走出，真正穿上别人的鞋子，走一段别人的苦路。

而现在，若有人问我《草房子》好不好，我只能说："油麻地，我不去。"

去 远 方

进入学校，就是进入一种健康、智慧、灵性的生活。

——蔡朝阳

何等幸运

朱翌潇

回忆自己的语文老师时，只要一想到童老师，我就不禁要笑出声来。她教我时，我约莫是小学四年级，且在班中年龄最小。

她给我们上课，应该是从一堂写作课开始的，因为这堂课给我的印象太深刻了。当时的写作主题是"变身为动物"。我们在她的带领下，从日本民间传说一直辗转到中国民间的动物报恩故事，在文字中翻山越岭、苦搜细察，寻找其中反复出现的情节和细节，并按照一定的顺序列出自己的发现。大家找的时候都很起劲儿，没想到这是给自己挖坑。因为紧接着，她就要求我们模仿自己找到的信息来写作，开始自己的变身故事 —— 把自己变成动物。她常反复强调两点："要好玩""要有意思"。有时，面对摩拳擦掌的我们，她还添上一句："一定要让主人公倒霉哦！"教室里坐满了一群十岁出头的孩子，笑声常常几乎要把门窗爆开，连空气中都挤满了我们的想象。紧锁的眉头、凝重的眼神和在稿纸上驰骋的笔尖，像一首音乐的不同部分，次第出现。我第一次体会到了写作带来的自由。

现在想来，"要好玩"大约是指故事情节的设计要不落俗套，超越不可能的限制，勇敢地展开想象；而"要有意思"则是指文章要活泼、有趣味，用一种新鲜的眼光看一个新鲜的世界。这就很好地消除了我们的恐惧，因为在"大人"世界里，存在着各种条条框框和"这个不许""那个不可以"的限制，而在童老师的课上，你却从来都不会感受到教师的咄咄逼人，师生之间没有隔阂，教室里永远不会冷场。我们愿意听她说，不管是她说出来的，还是没有说出来的，因为她和我们是一伙儿的，我们可以像跟伙伴一样跟她交谈。就算她一句话都不说，我们也能听到她的声音：

"不要害怕，我会和你们一起玩，一起面对。"这样的安全和鼓励，让我们有勇气去写作，用自己的想法去创造前所未有的美好，这是一件幸事。

课程的讲义，让我爱上了经典阅读。我遇到过一些同学，他们对阅读毫无感觉，以为语文书就是文学的全部，于是被糟糕的作品弄坏了阅读的胃口。而我们在尚未触及这些问题之前，就已经早早地拿到了经典的文本。每次在把大餐摆上之前，童老师总要念念叨叨、磨磨唧唧："请拿起笔，记录问题。"我要看文章，我不要记问题！我不喜欢阅读前记录问题这个环节！我饥肠辘辘，我食指大动，我迫不及待……一个知道自己即将吃一顿大餐的人，怎么还会有心思去看菜谱呢？但后来我们才知道，童老师的问题总是渐次推进的，从观察到归纳到探究到创造，与我们头脑并行共舞。更重要的是，通过问题，她还为我们指明了道路，无论是通幽曲径还是通天大道，抑或是花园里交叉的小径，都是"能获得有价值信息"的道路。是的，要得道，先上路。这些问题，就是路啊！于是，一路上我们与史怀哲同住鸡舍，和海因莱因在时空旅行中成为知己，随着凯斯特纳抓小偷，同曼罗·李夫的牛一起静静地闻花香，还陪苏轼啃羊骨头，骑着休厄尔的黑骏马在伯内特的秘密花园里嘚嘚而行……经典作品在记忆的汪洋里如潮水般踊跃不已，让我的心也跳得更厉害了。一捧起讲义，一开始读文章，我内心的共振就让每一根血管都突突弹动，好像每一个细胞都在加速分裂，各种奇思妙想自动从脑海中浮现出来，如海市蜃楼，又如芝麻开门之后的大宝库。

"嘿，今天的课感觉怎么样？"她还是笑嘻嘻地看着我。

这是多么的幸运。

她让我们练习写作、爱上阅读，她也让我们学习说话。几乎在所有的课里，她都在鼓励我们大胆地说出来。

曾在讲义上出现过一篇课本上的文章。既然我们这些学生都上过这篇课文，那么那些问题的答案自然早就烂熟于心。有些同学甚至当场就从书包里翻出那篇课文的教材全解，有板有眼地念出了"标准答案"。

童老师望着全班，然后问："真的吗？"

沉默了好一会儿，底下传来了一个轻轻的声音："我不认为是这样的。"童老师就像管道里的煤气一样扑上这朵小火花，直到这朵火花变成火苗，转而熊熊燃烧。起初大家都战战兢兢，生怕说错什么，但是她放松、温和的神情让我们感到了安全和被信任，可以自信地说出自己的想法和理解。"平等"原来是如此具体，孩子原来可以和成年人一起分享自己的感受和不同意见，而这竟然也可能是通向真理的道路之一。后面大半节课，我们基本上以讨论为主，童老师偶尔会来插一句，不让论点跑偏。可是直到最后，她都没有提供官方答案。因为她并不在乎答案本身，她要培养的，是我们追寻答案的勇气和能力。她就这样鼓励我们探询直觉、感受和观点之下的经验和理性。

下课后，我问她："这节课你为什么讲得这么少？"

她说："我应该让你们讲得更多。"

这是何等的幸运。

/ 本文作者现为杭州第七中学高三学生 /

班主任童蓓蓓

王将

2002 年 9 月，高二的开学季。教室的黑板上写着新班主任的名字：童蓓蓓。

板寸头、牛仔裤、板鞋，用现在的话来说，一位女老师这样的装扮是不符合主流的。接触伊始，大家以为这位童老师只是穿衣着装有点儿另类，后来才发现她的教学风格也是标新立异。她并没有一般老师的威严，会在讲课中穿插延伸出许多课外话题，甚至可以毫不避讳地跟我们聊早恋，聊娱乐圈的八卦新闻。每当这个时候，专心听课的学生更加入迷，原本打着瞌睡的也都纷纷抬起了头。总之，那一年的语文课没有那么让人昏昏欲睡。

一、课堂上的

写作与阅读，是童老师在教学中最为看重的。如何让学生对语文、对写作提起兴趣？这方面，童老师的确有一套！她可以让课堂秒变为电影院，经常前后连着两节课让学生在阶梯教室看电影。这样"不务正业"的上课方式在学校里也算独一份了。《阿甘正传》《鬼子来了》《东邪西毒》《霸王别姬》……记忆中，这些经典电影都是在学校里看的，当然了，电影也不能白看，一篇 800 字以上的观后感是跑不掉的。这样的语文课在许多学生心中留下了深刻的记忆和值得回味的快乐。

在她的影响下，许多学生都爱上了阅读，包括我。至今为止，我觉得高二是我十几年读书生涯中最欢实、收获最多的一年。因为有一个欢乐的班主任，能让自己近乎疯狂地爱上看书，我肚里仅有的一点儿墨水完全就是在那一年存起来的。

高中的男孩子处在最闹腾的年纪，早恋、打架、逃课，一样不落，似乎每个班级都会出现一两个叛逆的学生。即便写作文，也是通篇吐槽，是一般老师眼中的"歪文"。对于这样的学生，童老师真正做到了"有教无类"，用心地批阅着这些充满愤怒和偏激的文字。"坏学生"的作文出人意料地出现在了校园的文学社报上，这既是对一个学生的肯定，也是对他学习兴趣的激发。让一个对所有科目都不感兴趣的学生爱上写作，童老师做到了。

临近毕业，童老师将我们这些爱读课外书的学生叫到了自己家。她站在摆满书的书房里，手一挥，画了一个大圈，说，喜欢的都可以拿走。

二、生活中的

"你们谈恋爱我管不了，但男孩子一定要有责任感，一定要戴套！"在一个夜自修的晚上，童老师把我单独叫到教室外，连挨批的前奏都没有，就直直地跟我掷下这句如同晴天霹雳的话。那时的我还傻萌傻萌的，虽然早恋，却连避孕套都没见过。我假装听懂似的点点头。回到教室后，那句话一直萦绕脑海，隆隆作响，仿佛三观碾碎成渣后又被震得里焦外脆：高中老师！女老师！年轻女老师！会跟学生说那么大尺度的话！那会儿，高中生谈恋爱已是较为普遍的事，大多数老师在干预的时候都说得较为隐晦。当然了，这并没有什么用。也许童老师的特别之处在于，既然老师改变不了学生早恋的事实，那就告诫学生要守住安全和道德的底线，以免最坏的状况发生。就像她常念叨的："就算不能让事情变得更好，至少可以不让事情变得更坏。"

再说点儿学校外鸡毛蒜皮的小事。有一次，几个同学跟童老师一起逛街。我吃完棒冰后随手将棒冰棍子丢在地上，她的脸马上黑了下来，叫我"滚"过去捡起来。那语气，比教训不好好读书的学生还要严厉。

高中的岁月转瞬即逝，踏上大学的孩子们仿佛瞬间卸掉了压在身上三年的枷锁。大学的头一年，我学会了抽烟，这是许多男孩子心目中幼稚的成人礼仪式。暑假的时候，我们几个学生和童老师聚餐，当我掏出一根烟准备叼在嘴里的时候，她又在我毫无心理准备的时候呵斥了我。"抽烟可以，但要出去抽，不要在公共场所吞云吐雾。"在童老师略带严厉的语气中，我又灰溜溜地"滚"了出去。

之所以打心眼里尊敬童老师，是因为她时刻向学生传递着：读好书固然重要，但首先要做好人。

/ 本文作者现为浙江鸿瑞税务师事务所行政管理部职员 /

玉美如环，师者如狐

蔡朝阳

一、玉环

童蓓蓓老师出生于一个叫玉环的海岛。在浙江那些美丽而又典雅的地名中，玉环是特别能引发人们联想的一个名字。东海之滨，大海怀抱，有一小岛，其形如环，其质如玉。童蓓蓓老师生于斯，长于斯，应了人杰地灵之说。

若指一种玉器而言，玉环其实便是玉玦。玦者，决也。《鸿门宴》里，范增举所佩玉玦以示之者三，项王默然不应。但童蓓蓓老师不然。

她从玉环到玉玦，跟李玉龙有关，更与郭初阳有关。话说2006年，郭初阳出版了他的第一本课堂实录《言说抵抗沉默：郭初阳课堂实录》，于是一个午后，一个网名叫"午后的水妖"的人，在海岛玉环某家书店的角落里，遇见了这本书，并在一个阳光明媚的下午，翻开了这本书。这像不像一段传说？2006年，李玉龙向童蓓蓓老师展示了他的教育理想，于是童蓓蓓老师下了决心，从当地最好的一所高中辞职，西行入蜀，成为《读写月报·新教育》的编辑。

童蓓蓓老师当时在天涯社区玩，网名便叫"午后的水妖"。水妖么，就是像塞壬那样的生灵，往往在海岛之上以其魅惑的歌声诱惑那些航行的水手。但这一次，恰是水妖本人被郭初阳的文字所魅惑了。于是，这位水妖写了一个书评，贴在了网上；于是，我们竟然看到了，并击节赞叹。"反催眠""反割裂""反儒化"，这"午后的水妖"如是评价郭初阳的课堂。

天涯社区应当是当时最有影响力的网络社区，但天涯是那么遥远，以至于我们虽然都在里面混着，却彼此并不知晓对方，一直到这"午后的水妖"将这个书评贴到了某一个教育论坛上。大概是2007年的夏间，成都《读写月报·新教育》的主编李玉龙远道而来，意欲三顾茅庐。胖子李玉龙满头大汗，即便在吹着空调的咖啡馆里仍是挥汗如雨。他与我和郭初阳对坐着，商议如何去玉环劝童蓓蓓"落草为寇"。李玉龙和郭初阳似乎很有信心，因为有些人虽然不能被高薪所打动，但理想与情怀，却能轻易将之俘获。如今，童蓓蓓已成为杭州越读馆一名出色的语文专职教师，而最初的机缘，则是郭初阳的那一本课堂实录。

日后我想，大抵精神的相遇，便类似于此。文字中间埋藏着某种隐秘的连接。有人天天见面，却形如陌路；有人只读其文，便恍如旧识。关键便在于，这文字中间的特殊意味，就像一段等待被读取的信息，只有相似的人才能敏锐地捕捉到。就像童蓓蓓老师说的那样："一些名词和动词，是人与人之间的精神密码。不需要相见相识，只需要相遇，凭这只言片语便可于人山人海中将他一眼辨识。仿佛是从同一个流水线上奔逃出来的半成品，用阳光和水洗涤着身上的钢印戳记，试图还原本来的样子。随着书页一张张翻过，我的内心涌起言说的冲动。"

少年时听港台流行歌曲，其中有一首叫《驿动的心》。出于浅陋，我一直不懂驿动究竟是怎样的一种动，以为是盗版唱片印刷错误，误将"骚动"印作"驿动"。后来读《过客》，常常被那个呼唤的声音所打动，于是便将这两者联系在了一起。大概的意思是，正因为前面始终有个声音在呼唤，这颗心便不能平静。以我故意误读的理解，这便是"驿动的心"。

二、成都

童老师听从的，并不一定是李玉龙或者郭初阳的劝说，她听从的，是她内心自我的声音。一个人之所以要寻求改变，绝不是因为被某人某事所影响，而是因为她将遵从自我，以自我的内心律令来做出负责任的选择。就这样，童蓓蓓老师书写了她的入蜀记，很快就成了一名出色的教育杂志的编辑。

我被童老师催过无数次稿子，也曾多次在电话里与她长谈，沟通对文稿的看法和意见。但是印象之中，我俩一起坐下来聊的时间却并不太多。但这不妨碍我们彼此认为自己是对方最重要的朋友之一。

以一个写作者的身份来说，童蓓蓓是我遇见过的最棒的教育杂志编辑。这大概是与她拥有的智慧相适配的。比如，她善于倾听，能够敏锐地把握住你所要表达的内容。倾听其实很难，因为对于观察者来说，倾听，不仅需要尊重，也不仅需要谦虚，更需要一种思想力。在倾听的过程中，童蓓蓓并不急于给出建议，但是当她提建议时，往往恰到好处，能将作者的思考引向更深处。我们常说好文章或者好书一半是由编辑做出来的，此言不虚。因而，童蓓蓓做编辑的那几年，是我给该杂志写作最开心的几年，并且我在这样的写作中，亦提升了自己。童蓓蓓对文章的思想含量和行文语言同等重视。这种审美感觉，使她极好地维护了杂志的格调，从而让杂志的每一期、每一文都能站立在同一个基准之上。

童蓓蓓老师在成都的这几年，有两件事情给我留下了深刻的印象。一件，是汶川地震之后的努力救助；另一件，便是"我有这样一个母亲"的专题策划。

汶川地震，举国关心。童老师身处灾区，关心了两件事。一件是汶川的樱桃熟了，如何将之卖掉，以解灾民燃眉之急。那段时间，童老师通过各种渠道，生生地将自己变成了樱桃销售员。当她奋力推销时，她完全忘记了，她自己也身处灾区，也是一个"灾民"，也需要得到关心。这便叫作"忘我"吧。事后说起，童老师不免失笑，甚至自嘲，但我们可以从中看到，在其犀利的思想背后，蕴藏着厚重的人道主义情怀。

另一件事，则是她无处不在的女性视角。汶川地震期间，全国都在捐资捐物，救助灾区，我与我的朋友陈伟峰也不例外。陈伟峰通过他的 E 网，募集到了一点儿钱，准备去给灾区建一所小学。去当地考察时，童老师成了地陪。童老师提出，大家万众一心，捐资捐物，但却遗漏了一样东西，那就是卫生巾，灾区的女性需要这个。这几乎是全部救援者都不会想到的一个细节。童老师在其博客、QQ 等社交工具上对此加以呼吁。日后我观察到，童老师的思想不断变迁，甚而具有了女权主义倾向，揆诸起源，这件小事，便可以从中看出一斑。

2008 年底，救灾工作告一段落，《读写月报·新教育》杂志社决定启动一个大型的专题研究。童蓓蓓与李玉龙从成都飞来萧山，召开了一期选题会，"我有这样一个母亲"的专题策划由此诞生。这个策划后来引发了热议，而热议的背后，实有童老师无数的心血。

比如，是童老师将这个研究专题贴到了天涯社区，并以她的影响力，使这个帖子在短期内成为热帖，成为众人关注的公共话题；又是她，将这个研究报告通过朋友介绍给了《南方人物周刊》。事后媒体关注的多是所谓的"浙江三教师"，而其助产士却是童蓓蓓编辑。只不过身为编辑，为而不有，善而不居乃是其职业操守。非但如此，童蓓蓓还参与考察了这些教材课文，写出了高质量的研究报告，只是日后成书，未及收入而已。

三、杭州

我记不得童蓓蓓老师是什么时候把自己的网名改为"小狐"的。现在，我们都习惯于叫她小狐老师，而几乎忘掉了她的真名。似乎童蓓蓓是玉环某高中的一个老师；午后的水妖，则是天涯社区上一个犀利的女子；而小狐，才是后来我们熟识的那个对教育充满独特灵感的思想者。

小狐从成都离职近一年后，成为杭州越读馆的一名语文专职教师。只不过在体制内，她教的是高中；而在越读馆，她则成了一班小学生的"带头二姐"。这样的转变，恐怕仅仅是因为她对教育的热情依旧没有熄灭。日前，《越读馆的创意写作之旅》由广西师范大学出版社出版，里面收录了童老师的部分作文课堂，也收录了她所指导的孩子的习作。在读这些脑洞大开的习作时，我常哑然失笑，并有豁然开朗的感觉。看来小狐正在做她最喜欢也最擅长的工作。

对于小狐的语文课堂，我不想置喙，尽管她的课我听过很多次，但所想实在不多。我在与她的交往之中，会说八卦，会说信仰，会说大词，会说各种书籍，但几乎不会谈及课堂教学。但这同样不妨碍我对小狐语文课堂的基本判断。我们若只是以为小狐是一个好的语文老师，那就大大低估了她的价值。在我所知晓的那些仍在基础教育阶段的朋友之中，小狐是最令我推崇的、又尚未广为人知的"高手"之一。我戏称，我佩服的人当中，男有白宇极，女有童蓓蓓。这可能会被认为是溢美之词，而于我而言，这样说是基于对此二人的充分了解。

我最想谈的，仍是小狐这个名字。为何最后小狐这个名字成为我们对她最贴切的称呼了呢？小狐这个名字，我猜，应该来自以赛亚·伯林。以赛亚·伯林将思想家分为两类，一类是刺猬型的，一类是狐狸型的。张晓波在介绍伯林的文章里说，刺猬之道，一以贯之（一元主义）；狐狸狡诈，却性喜多方（多元主义）。这就是伯林著名的刺猬与狐狸论。伯林爱的是狐狸，所以，他常讲的，不是"刺猬型"的卢梭、黑格尔、谢林、马克思，而是冷门的"狐狸"们，如维科、赫尔德、赫尔岑等。在他看来，这些早已被当代世界遗弃的思想家，才是多元自由主义、消极自由的最好实践者，是对抗按照一元主义方案设计的极权社会的最好良药。

如果我们这么来理解小狐这个名字，以及她对基础教育的回归，便能破解其中的奥秘了。小狐曾在一个采访中这么说："我们的家长一直在教育方法上苦苦寻找出路，却从来没有真正关注过教育的本质。如果我们对孩子的教育从一开始就是功利的、不快乐的，那么我们的孩子又怎么能感到快乐？如果我们对孩子的爱是有条件的，那我们又怎么能要求孩子来全心爱我们？以恐惧控制的关系，必然导致背叛。"

这段话的核心，是我们早就建立的对教育的基本共识。我曾说，我们需要以自由来看待教育。自由的教育，是非功利的，是无条件的，是没有控制的。就像近来时常被人们引用的那句话所言：只有在自由中，教育才是可能的。这大概也是小狐能在越读馆安之若素的原因之一吧！越读馆认为，进入学校，就是进入一种健康、智慧、灵性的生活。借由教育，小狐正走向一条通往个体自由的道路，她所凭恃的，便是母语，因为：你的语言所及，即你的世界所抵。

/ 本文作者网名阿啃 1919，资深奶爸，独立撰稿人 /

图书在版编目（CIP）数据

一张桌子一本书：在阅读课上遇见你 / 童蓓蓓著. —
北京：中国人民大学出版社，2019.9
ISBN 978 - 7 - 300 - 27337 - 2

Ⅰ.①一… Ⅱ.①童… Ⅲ.①阅读课—教学研究—
中学 Ⅳ.① G633.332

中国版本图书馆CIP数据核字（2019）第185803号

一张桌子一本书：在阅读课上遇见你

童蓓蓓 著
Yi Zhang Zhuozi Yi Ben Shu: Zai Yuedu Ke Shang Yujian Ni

出版发行	中国人民大学出版社		
社 址	北京中关村大街31号	邮政编码	100080
电 话	010 - 62511242（总编室）	010 - 62511770（质管部）	
	010 - 82501766（邮购部）	010 - 62514148（门市部）	
	010 - 62515195（发行公司）	010 - 62515275（盗版举报）	
网 址	http://www.crup.com.cn		
经 销	新华书店		
印 刷	北京华宇信诺印刷有限公司		
规 格	168 mm × 239 mm 16开本	版 次	2019 年 9 月第 1 版
印 张	12.5 插页1	印 次	2022 年 7 月第 2 次印刷
字 数	181 000	定 价	49.80 元